12.– €

# BENEDIKT XVI.

# GLAUBE UND VERNUNFT

BENEDIKT XVI.

# GLAUBE UND VERNUNFT
## DIE REGENSBURGER VORLESUNG

Vollständige Ausgabe

Kommentiert von
Gesine Schwan
Adel Theodor Khoury
Karl Kardinal Lehmann

HERDER
FREIBURG · BASEL · WIEN

ALF ZIMMER

# Zum Besuch von Papst Benedikt XVI. an der Universität Regensburg am 12. September 2006

*Begrüßungsrede des Rektors der Universität*

Mit großer Freude und tief bewegt darf ich Sie, Heiliger Vater, an Ihrer Universität begrüßen, die Sie als Professor und Vizepräsident in den entscheidenden Entwicklungsjahren geprägt und deren weitere Entwicklung Sie als Honorarprofessor begleitet haben. Sie, Heiliger Vater, haben den Wunsch nach einer Begegnung mit der Wissenschaft am alten Ort Ihrer Tätigkeit zum Ausdruck gebracht. Dieses Zusammenkommen gilt der gesamten Breite der Wissenschaft im offenen Austausch.

Als Rektor der Universität Regensburg, deren Brückenemblem für die heutige Begegnung mit dem Pontifex symbolisch ist, darf ich Sie alle herzlich begrüßen: Eure Heiligkeit, Eminenzen, Exzellenzen, Magnifizenzen, Kollegen und Kommilitonen, Vertreter der Legislative, der Exekutive und der Judikative und nicht zuletzt Mäzene und Unterstützer. Ohne das Zusammenwirken von Ihnen allen wäre lebendige Wissenschaft an der Universität Regensburg und anderswo nicht möglich.

Ich rede ganz bewusst von Wissenschaft im Singular, denn so vielfältig die Fachsprachen, Methoden und Formalismen sind – im Kern gibt es eine zentrale Gemeinsamkeit, die häufig gerade dann vergessen wird, wenn man auf schnelle Anwendung setzt. Diese Gemeinsamkeit besteht in der uneingeschränkten Offenheit gegenüber der Vielfalt von Phänomenen und Ideen, um dann in der kritischen Analyse bzw. dem Experiment die Grundprinzipien aufzudecken, die dieser Vielfalt zugrunde liegen. Diese Vorgehensweise des methodischen, wohlgemerkt nicht des prinzipiellen Zweifels verdankt die abendländische Wissenschaft der scholastischen Theologie. Abaelard beschreibt sie im Vorwort zu „sic et non“: „Zweifelnd gehen wir an die Untersuchung; fragend erblicken wir die Wahrheit“. Ganz konsequent stellt er dann auch bei seiner ersten Frage die vielfältigen Meinungen über das Verhältnis von Glauben und Vernunft gegenüber. Diese immer aktuelle Thematik prägt ja auch unser Treffen hier.

Die positive Bewertung von Vielfältigkeit wird übrigens im Englischen als „catholic“, also katholisch im wörtlichen Ursinn bezeichnet; sie steht im Gegensatz zur Beliebigkeit oder dem Relativismus des „anything goes“, denn in der Wissenschaft gilt in allen Fächern – zwar unterschiedlich in der Form und Methodik, aber mit der gleichen Leidenschaftlichkeit – das Prinzip der uneingeschränkten und unvoreingenommenen Suche nach Grundprinzipien.

Auf der anderen Seite bedeutet das unvoreingenommene Akzeptieren von Vielfältigkeit auch die entschiedene Gegenposition zu jeder Form des Fundamentalismus, der eben dadurch gekennzeichnet ist, Vielfalt durch Denk- und sogar Wahrnehmungsverbote auf das zu reduzieren, was die Vorurteile stützt, und methodischen Zweifel gar nicht erst zuzulassen.

Wie sehr die fruchtbare Spannung von Vielfältigkeit und Einheit die abendländische Geistesgeschichte geprägt hat, zeigt sich nicht zuletzt auch in der geistlichen Poesie. Alexander Pope fasst dies in seiner Epistel IV folgendermaßen: „God loves from whole to parts: but human soul must rise from individual to the whole" – Die Liebe Gottes geht vom Ganzen zum Teil, die menschliche Seele jedoch steigt auf vom Individuellen zum Ganzen.

Heiliger Vater, wir freuen uns auf Ihre Vorlesung.

BENEDIKT XVI.

# Glaube, Vernunft und Universität
## Erinnerungen und Reflexionen

*Vorlesung des Papstes beim Treffen mit Vertretern der Wissenschaften im Auditorium Maximum der Universität Regensburg am 12. September 2006*

Eminenzen, Magnifizenzen, Exzellenzen,
verehrte Damen und Herren!

Es ist für mich ein bewegender Augenblick, noch einmal in der Universität zu sein und noch einmal eine Vorlesung halten zu dürfen. Meine Gedanken gehen dabei zurück in die Jahre, in denen ich an der Universität Bonn nach einer schönen Periode an der Freisinger Hochschule meine Tätigkeit als akademischer Lehrer aufgenommen habe. Es war – 1959 – noch die Zeit der alten Ordinarien-Universität. Für die einzelnen Lehrstühle gab es weder Assistenten noch Schreibkräfte, dafür aber gab es eine sehr unmittelbare Begegnung mit den Studenten und vor allem auch der Professoren untereinander. In den Dozentenräumen traf man sich vor und nach den Vorlesungen. Die Kontakte mit den Historikern, den Philosophen, den Philologen und natürlich auch zwischen beiden Theologischen Fakultäten waren sehr lebendig. Es gab jedes Semester einen sogenannten *Dies academicus*, an dem sich Professoren aller Fakultäten den Studenten der gesamten Universität vorstellten und so ein Erleben von *Universitas* möglich wurde – auf das Sie, Magnifizenz, auch gerade hingewiesen haben –, die Erfahrung nämlich, dass wir in allen Spezialisierungen, die uns manchmal sprachlos füreinander machen, doch ein Ganzes bilden und im Ganzen der einen Vernunft mit all ihren Dimensionen arbeiten und so auch in einer gemeinschaftlichen Verantwortung für den rechten Gebrauch der Vernunft stehen – das wurde erlebbar. Die Universität war auch durchaus stolz auf ihre beiden Theologischen Fakultäten. Es war klar, dass auch sie, indem sie nach der Vernunft des Glaubens fragen, eine Arbeit tun, die notwendig zum Ganzen der *Universitas scientiarum* gehört, auch wenn nicht alle den Glauben teilen konnten, um dessen Zuordnung zur gemeinsamen Vernunft sich die Theologen mühen. Dieser innere Zusammenhalt im Kosmos der Vernunft wurde auch nicht gestört, als einmal verlautete, einer der Kollegen habe geäußert, an unserer Universität gebe es etwas Merkwürdiges: zwei Fakultäten, die sich mit etwas befassten, was es gar nicht gebe – mit Gott. Dass es auch solch radikaler Skepsis gegenüber notwendig und vernünftig bleibt, mit der Vernunft nach Gott zu fragen und es im Zusammenhang der Überlieferung des christlichen Glaubens zu tun, war im Ganzen der Universität unbestritten.

All dies ist mir wieder in den Sinn gekommen, als ich kürzlich den von Professor Theodor Khoury (Münster) herausgegebenen Teil des Dialogs las, den der gelehrte byzantinische Kaiser Manuel II. Palaeologos wohl 1391 im Winterlager zu Ankara mit einem gebildeten Perser über Christentum und Islam und beider Wahrheit führte.[1] Der Kaiser hat vermutlich während der Belagerung von Konstantinopel zwischen 1394 und 1402 den Dialog aufgezeichnet; so versteht man auch, dass seine eigenen Ausführungen sehr viel ausführlicher wiedergegeben sind als die seines persischen Gesprächspartners.[2] Der Dialog erstreckt sich über den ganzen Bereich des von Bibel und Koran umschriebenen Glaubensgefüges und kreist besonders um das Gottes- und das Menschenbild, aber auch immer wieder notwendigerweise um das Verhältnis der, wie man sagte, „drei Gesetze" oder „drei Lebensordnungen": Altes Testament – Neues

---

[1] Von den insgesamt 26 Gesprächsrunden (διάλεξις – Khoury übersetzt „Controverse") des Dialogs („Entretien") hat Th. Khoury die 7. „Controverse" mit Anmerkungen und einer umfassenden Einleitung über die Entstehung des Textes, die handschriftliche Überlieferung und die Struktur des Dialogs sowie kurze Inhaltsangaben über die nicht edierten „Controverses" herausgegeben; dem griechischen Text ist eine französische Übersetzung beigefügt: Manuel II Paléologue, Entretiens avec un Musulman. 7e Controverse. Sources chrétiennes Nr. 115, Paris 1966. Inzwischen hat Karl Förstel im Corpus Islamico-Christianum (Series Graeca. Schriftleitung: A. Th. Khoury – R. Glei) eine kommentierte griechisch-deutsche Textausgabe veröffentlicht: Manuel II. Palaiologus, Dialoge mit einem Muslim. 3 Bde., Würzburg – Altenberge 1993–1996. Bereits 1966 hatte E. Trapp den griechischen Text – mit einer Einleitung versehen – als Band II der Wiener byzantinistischen Studien herausgegeben. Ich zitiere im Folgenden nach Khoury.

[2] Vgl. über Entstehung und Aufzeichnung des Dialogs Khoury S. 22–29; ausführlich äußern sich dazu auch Förstel und Trapp in ihren Editionen.

Testament – Koran. Jetzt, in dieser Vorlesung, möchte ich darüber nicht handeln, nur einen – im Aufbau des ganzen Dialogs eher marginalen – Punkt berühren, der mich im Zusammenhang des Themas Glaube und Vernunft fasziniert hat und der mir als Ausgangspunkt für meine Überlegungen zu diesem Thema dient.

In der von Professor Khoury herausgegebenen siebten Gesprächsrunde (διάλεξις – Kontroverse) kommt der Kaiser auf das Thema des *Djihād*, des Heiligen Krieges, zu sprechen. Der Kaiser wusste sicher, dass in Sure 2,256 steht: Kein Zwang in Glaubenssachen – es ist wohl eine der frühen Suren aus der Zeit, wie uns ein Teil der Kenner sagt, in der Mohammed selbst noch machtlos und bedroht war. Aber der Kaiser kannte natürlich auch die im Koran niedergelegten – später entstandenen – Bestimmungen über den Heiligen Krieg. Ohne sich auf Einzelheiten wie die unterschiedliche Behandlung von „Schriftbesitzern" und „Ungläubigen" einzulassen, wendet er sich in erstaunlich schroffer, für uns unannehmbar schroffer Form ganz einfach mit der zentralen Frage nach dem Verhältnis von Religion und Gewalt überhaupt an seinen Gesprächspartner. Er sagt: „Zeig mir doch, was Mohammed Neues gebracht hat, und da wirst du nur Schlechtes und Inhumanes finden wie dies, dass er vorgeschrieben hat, den Glauben, den er predigte, durch das Schwert zu verbreiten".[3] Der Kaiser begründet, nachdem er so zugeschlagen hat, dann eingehend, warum Glaubensverbreitung durch Gewalt widersinnig ist. Sie steht im Widerspruch zum Wesen Gottes und zum Wesen der Seele. „Gott hat kein Gefallen am Blut", sagt er, „und nicht vernunftgemäß – nicht ‚σὺν λόγω' – zu handeln, ist dem Wesen Gottes zuwider. Der Glaube ist Frucht der Seele, nicht des Körpers. Wer also jemanden zum Glauben führen will, braucht die Fähigkeit zur guten Rede und ein rechtes Denken, nicht aber Gewalt und Drohung … Um eine vernünftige Seele zu überzeugen, braucht man nicht seinen Arm, nicht Schlagwerkzeuge noch sonst eines der Mittel, durch die man jemanden mit dem Tod bedrohen kann …"[4]

Der entscheidende Satz in dieser Argumentation gegen Bekehrung durch Gewalt lautet: Nicht vernunftge-

---

[3] Controverse VII 2c; bei Khoury S. 142/143; Förstel Bd. I, VII. Dialog 1.5, S. 240/241. Dieses Zitat ist in der muslimischen Welt leider als Ausdruck meiner eigenen Position aufgefasst worden und hat so begreiflicherweise Empörung hervorgerufen. Ich hoffe, dass der Leser meines Textes sofort erkennen kann, dass dieser Satz nicht meine eigene Haltung dem Koran gegenüber ausdrückt, dem gegenüber ich die Ehrfurcht empfinde, die dem heiligen Buch einer großen Religion gebührt. Bei der Zitation des Texts von Kaiser Manuel II. ging es mir einzig darum, auf den wesentlichen Zusammenhang zwischen Glauben und Vernunft hinzuführen. In diesem Punkt stimme ich Manuel zu, ohne mir deshalb seine Polemik zuzueignen.

[4] Controverse VII 3b–c; bei Khoury S. 144/145; Förstel Bd. I, VII. Dialog 1.6, S. 240–243.

mäß handeln ist dem Wesen Gottes zuwider.[5] Der Herausgeber, Theodor Khoury, kommentiert dazu: Für den Kaiser als einen in griechischer Philosophie aufgewachsenen Byzantiner ist dieser Satz evident. Für die moslemische Lehre hingegen ist Gott absolut transzendent. Sein Wille ist an keine unserer Kategorien gebunden, und sei es die der Vernünftigkeit.[6] Khoury zitiert dazu eine Arbeit des bekannten französischen Islamologen R. Arnaldez, der darauf hinweist, dass Ibn Hazm so weit gehe, zu erklären, dass Gott auch nicht durch sein eigenes Wort gehalten sei und dass nichts ihn dazu verpflichte, uns die Wahrheit zu offenbaren. Wenn er es wollte, müsse der Mensch auch Götzendienst treiben.[7]

An dieser Stelle tut sich ein Scheideweg im Verständnis Gottes und so in der konkreten Verwirklichung von Religion auf, der uns heute ganz unmittelbar herausfordert. Ist es nur griechisch, zu glauben, dass vernunftwidrig zu handeln dem Wesen Gottes zuwider ist, oder gilt das immer und in sich selbst? Ich denke, dass an dieser

---

5 Einzig um dieses Gedankens willen habe ich den zwischen Manuel und seinem persischen Gesprächspartner geführten Dialog zitiert. Er gibt das Thema der folgenden Überlegungen vor.

6 Khoury, a. a. O., S. 144, Anm. 1.

7 R. Arnaldez, Grammaire et théologie chez Ibn Hazm de Cordoue, Paris 1956, S. 13; vgl. Khoury, S. 144. Dass es in der spätmittelalterlichen Theologie vergleichbare Positionen gibt, wird im weiteren Verlauf dieses Vortrags gezeigt.

Stelle der tiefe Einklang zwischen dem, was im besten Sinn griechisch ist, und dem auf der Bibel gründenden Gottesglauben sichtbar wird. Den ersten Vers der Genesis, den ersten Vers der Heiligen Schrift überhaupt abwandelnd, hat Johannes den Prolog seines Evangeliums mit dem Wort eröffnet: Im Anfang war der Logos. Dies ist genau das Wort, das der Kaiser gebraucht: Gott handelt „σὺν λόγω", mit Logos. Logos ist Vernunft und Wort zugleich – eine Vernunft, die schöpferisch ist und sich mitteilen kann, aber eben als Vernunft. Johannes hat uns damit das abschließende Wort des biblischen Gottesbegriffs geschenkt, in dem alle die oft mühsamen und verschlungenen Wege des biblischen Glaubens an ihr Ziel kommen und ihre Synthese finden. Im Anfang war der Logos, und der Logos ist Gott, so sagt uns der Evangelist. Das Zusammentreffen der biblischen Botschaft und des griechischen Denkens war kein Zufall. Die Vision des heiligen Paulus, dem sich die Wege in Asien verschlossen und der nächtens in einem Gesicht einen Mazedonier sah und ihn rufen hörte: Komm herüber und hilf uns (*Apg* 16,6–10) – diese Vision darf als Verdichtung des von innen her nötigen Aufeinanderzugehens zwischen biblischem Glauben und griechischem Fragen gedeutet werden.

Dabei war dieses Zugehen längst im Gang. Schon der geheimnisvolle Gottesname vom brennenden

Dornbusch, der diesen Gott aus den Göttern mit den vielen Namen herausnimmt und von ihm einfach das „Ich bin", das Dasein aussagt, ist eine Bestreitung des Mythos, zu der der sokratische Versuch, den Mythos zu überwinden und zu übersteigen, in einer inneren Analogie steht.[8] Der am Dornbusch begonnene Prozess kommt im Innern des Alten Testaments zu einer neuen Reife während des Exils, wo nun der landlos und kultlos gewordene Gott Israels sich als den Gott des Himmels und der Erde verkündet und sich mit einer einfachen, das Dornbusch-Wort weiterführenden Formel vorstellt: „Ich bin's." Mit diesem neuen Erkennen Gottes geht eine Art von Aufklärung Hand in Hand, die sich im Spott über die Götter drastisch ausdrückt, die nur Machwerke der Menschen seien (vgl. *Ps* 115). So geht der biblische Glaube in der hellenistischen Epoche bei aller Schärfe des Gegensatzes zu den hellenistischen Herrschern, die die Angleichung an die griechische Lebensweise und ihren Götterkult erzwingen wollten, dem Besten des griechischen Denkens von innen her entgegen zu einer gegenseitigen Berührung, wie sie sich dann besonders in der späten Weisheits-Literatur vollzogen hat. Heute

---

[8] Für die vieldiskutierte Auslegung der Dornbuschszene darf ich auf meine „Einführung in das Christentum", München 1968, S. 84–102, verweisen. Ich denke, dass das dort Gesagte trotz der weitergegangenen Diskussion nach wie vor sachgemäß ist.

wissen wir, dass die in Alexandrien entstandene griechische Übersetzung des Alten Testaments – die Septuaginta – mehr als eine bloße (vielleicht sogar wenig positiv zu beurteilende) Übersetzung des hebräischen Textes – nämlich ein selbständiger Textzeuge und ein eigener wichtiger Schritt der Offenbarungsgeschichte – ist, in dem sich diese Begegnung auf eine Weise realisiert hat, die für die Entstehung des Christentums und seine Verbreitung entscheidende Bedeutung gewann.[9] Zutiefst geht es dabei um die Begegnung zwischen Glauben und Vernunft, zwischen rechter Aufklärung und Religion. Manuel II. hat wirklich aus dem inneren Wesen des christlichen Glaubens heraus und zugleich aus dem Wesen des Griechischen, das sich mit dem Glauben verschmolzen hatte, sagen können: Nicht „mit dem Logos" handeln ist dem Wesen Gottes zuwider.

Hier ist der Redlichkeit halber anzumerken, dass sich im Spätmittelalter Tendenzen der Theologie entwickelt haben, die diese Synthese von Griechischem und Christlichem aufsprengen. Gegenüber dem sogenannten augustinischen und thomistischen Intellektualismus beginnt bei Duns Scotus eine Position

---

[9] Vgl. A. Schenker, L'Ecriture sainte subsiste en plusieurs formes canoniques simultanées, in: L'interpretazione della Bibbia nella Chiesa. Atti del Simposio promosso dalla Congregazione per la Dottrina della Fede, Città del Vaticano 2001, S. 178–186.

des Voluntarismus, die schließlich in den weiteren Entwicklungen dahin führte zu sagen, wir kennten von Gott nur seine *Voluntas ordinata*. Jenseits davon gebe es die Freiheit Gottes, kraft derer er auch das Gegenteil von allem, was er getan hat, hätte machen und tun können. Hier zeichnen sich Positionen ab, die denen von Ibn Hazm durchaus nahekommen können und auf das Bild eines Willkür-Gottes zulaufen könnten, der auch nicht an die Wahrheit und an das Gute gebunden ist. Die Transzendenz und die Andersheit Gottes werden so weit übersteigert, dass auch unsere Vernunft, unser Sinn für das Wahre und Gute kein wirklicher Spiegel Gottes mehr sind, dessen abgründige Möglichkeiten hinter seinen tatsächlichen Entscheiden für uns ewig unzugänglich und verborgen bleiben. Demgegenüber hat der kirchliche Glaube immer daran festgehalten, dass es zwischen Gott und uns, zwischen seinem ewigen Schöpfergeist und unserer geschaffenen Vernunft eine wirkliche Analogie gibt, in der zwar – wie das Vierte Laterankonzil 1215 sagt – die Unähnlichkeiten unendlich größer sind als die Ähnlichkeiten, aber eben doch die Analogie und ihre Sprache nicht aufgehoben werden. Gott wird nicht göttlicher dadurch, dass wir ihn in einen reinen und undurchschaubaren Voluntarismus entrücken, sondern der wahrhaft göttliche Gott ist der Gott, der sich als Logos gezeigt und als Logos liebend für uns gehandelt hat. Gewiss, die Liebe „übersteigt“, wie Paulus sagt, die Erkenntnis und vermag daher mehr wahrzunehmen als das bloße Denken (vgl. *Eph* 3,19), aber sie bleibt doch Liebe des Gottes-Logos, weshalb christlicher Gottesdienst, wie noch einmal Paulus sagt, „λογικὴ λατρεία“ ist – Gottesdienst, der im Einklang mit dem ewigen Wort und mit unserer Vernunft steht (vgl. *Röm* 12,1).[10]

Dieses hier angedeutete innere Zugehen aufeinander, das sich zwischen biblischem Glauben und griechischem philosophischem Fragen vollzogen hat, ist ein nicht nur religionsgeschichtlich, sondern weltgeschichtlich entscheidender Vorgang, der uns auch heute in die Pflicht nimmt. Wenn man diese Begegnung sieht, ist es nicht verwunderlich, dass das Christentum trotz seines Ursprungs und wichtiger Entfaltungen im Orient schließlich seine geschichtlich entscheidende Prägung in Europa gefunden hat. Wir können auch umgekehrt sagen: Diese Begegnung, zu der dann noch das Erbe Roms hinzutritt, hat Europa geschaffen und bleibt die Grundlage dessen, was man mit Recht Europa nennen kann.

---

[10] Ausführlicher habe ich mich dazu geäußert in meinem Buch „Der Geist der Liturgie. Eine Einführung“, Freiburg 2000, S. 38–42.

Der These, dass das kritisch gereinigte griechische Erbe wesentlich zum christlichen Glauben gehört, steht die Forderung nach der Enthellenisierung des Christentums entgegen, die seit dem Beginn der Neuzeit wachsend das theologische Ringen beherrscht. Wenn man näher zusieht, kann man drei Wellen des Enthellenisierungsprogramms beobachten, die zwar miteinander verbunden, aber in ihren Begründungen und Zielen doch deutlich voneinander verschieden sind.[11]

Die Enthellenisierung erscheint zuerst mit den Anliegen der Reformation des 16. Jahrhunderts verknüpft. Die Reformatoren sahen sich angesichts der theologischen Schultradition einer ganz von der Philosophie her bestimmten Systematisierung des Glaubens gegenüber, sozusagen einer Fremdbestimmung des Glaubens durch ein nicht aus ihm kommendes Denken. Der Glaube erschien dabei nicht mehr als lebendiges geschichtliches Wort, sondern eingehaust in ein philosophisches System. Das *Sola Scriptura* sucht demgegenüber die reine Urgestalt des Glaubens, wie er im biblischen Wort ursprünglich da ist. Metaphysik erscheint als eine Vor-

---

[11] Aus der umfänglichen Literatur zum Thema Enthellenisierung möchte ich besonders nennen: A. Grillmeier, Hellenisierung – Judaisierung des Christentums als Deuteprinzipien der Geschichte des kirchlichen Dogmas, in: ders., Mit ihm und in ihm. Christologische Forschungen und Perspektiven, Freiburg 1975, S. 423–488.

gabe von anderswoher, von der man den Glauben befreien muss, damit er ganz wieder er selber sein könne. In einer für die Reformatoren nicht vorhersehbaren Radikalität hat Kant mit seiner Aussage, er habe das Denken beiseiteschaffen müssen, um dem Glauben Platz zu machen, aus diesem Programm heraus gehandelt. Er hat dabei den Glauben ausschließlich in der praktischen Vernunft verankert und ihm den Zugang zum Ganzen der Wirklichkeit abgesprochen.

Die liberale Theologie des 19. und 20. Jahrhunderts brachte eine zweite Welle im Programm der Enthellenisierung mit sich, für die Adolf von Harnack als herausragender Repräsentant steht. In der Zeit, als ich studierte, wie in den frühen Jahren meines akademischen Wirkens war dieses Programm auch in der katholischen Theologie kräftig am Werk. Pascals Unterscheidung zwischen dem Gott der Philosophen und dem Gott Abrahams, Isaaks und Jakobs diente als Ausgangspunkt dafür. In meiner Bonner Antrittsvorlesung von 1959 habe ich mich damit auseinanderzusetzen versucht[12] und möchte dies alles hier nicht neu aufnehmen. Wohl aber möchte ich wenigstens in aller Kürze versu-

[12] Neu herausgegeben und kommentiert von Heino Sonnemans (Hrsg.): Joseph Ratzinger – Benedikt XVI., Der Gott des Glaubens und der Gott der Philosophen. Ein Beitrag zum Problem der theologia naturalis, Leutesdorf, 2. ergänzte Auflage 2005.

chen, das unterscheidend Neue dieser zweiten Enthellenisierungswelle gegenüber der ersten herauszustellen. Als Kerngedanke erscheint bei Harnack die Rückkehr zum einfachen Menschen Jesus und zu seiner einfachen Botschaft, die allen Theologisierungen und eben auch Hellenisierungen vorausliege: Diese einfache Botschaft stelle die wirkliche Höhe der religiösen Entwicklung der Menschheit dar. Jesus habe den Kult zugunsten der Moral verabschiedet. Er wird im Letzten als Vater einer menschenfreundlichen moralischen Botschaft dargestellt. Dabei geht es Harnack im Grunde darum, das Christentum wieder mit der modernen Vernunft in Einklang zu bringen, eben indem man es von scheinbar philosophischen und theologischen Elementen wie etwa dem Glauben an die Gottheit Christi und die Dreieinheit Gottes befreie. Insofern ordnet die historisch-kritische Auslegung des Neuen Testaments, wie er sie sah, die Theologie wieder neu in den Kosmos der Universität ein: Theologie ist für Harnack wesentlich historisch und so streng wissenschaftlich. Was sie auf dem Weg der Kritik über Jesus ermittelt, ist sozusagen Ausdruck der praktischen Vernunft und damit auch im Ganzen der Universität vertretbar. Im Hintergrund steht die neuzeitliche Selbstbeschränkung der Vernunft, wie sie in Kants Kritiken klassischen Ausdruck gefunden hatte, inzwischen aber vom naturwissenschaftlichen Denken weiter radikalisiert wurde. Diese moderne Auffassung der Vernunft beruht auf einer durch den technischen Erfolg bestätigten Synthese zwischen Platonismus (Cartesianismus) und Empirismus, um es verkürzt zu sagen. Auf der einen Seite wird die mathematische Struktur der Materie, sozusagen ihre innere Rationalität vorausgesetzt, die es möglich macht, sie in ihrer Wirkform zu verstehen und zu gebrauchen: Diese Grundvoraussetzung ist sozusagen das platonische Element im modernen Naturverständnis. Auf der anderen Seite geht es um die Funktionalisierbarkeit der Natur für unsere Zwecke, wobei die Möglichkeit der Verifizierung oder Falsifizierung im Experiment erst die entscheidende Gewissheit liefert. Das Gewicht zwischen den beiden Polen kann je nachdem mehr auf der einen oder der anderen Seite liegen. Ein so streng positivistischer Denker wie J. Monod hat sich als überzeugten Platoniker bezeichnet.

Dies bringt zwei für unsere Frage entscheidende Grundorientierungen mit sich. Nur die im Zusammenspiel von Mathematik und Empirie sich ergebende Form von Gewissheit gestattet es, von Wissenschaftlichkeit zu sprechen. Was Wissenschaft sein will, muss sich diesem Maßstab stellen. So versuchten dann auch die auf die menschlichen Dinge bezogenen Wissenschaften wie Geschichte, Psychologie, Soziologie, Philosophie, sich diesem Kanon von Wissenschaftlichkeit anzunähern. Wichtig für unsere Überlegungen ist aber noch, dass die Methode als solche die Gottesfrage ausschließt und sie als unwissenschaftliche oder vorwissenschaftliche Frage erscheinen lässt. Damit aber stehen wir vor einer Verkürzung des Radius von Wissenschaft und Vernunft, die in Frage gestellt werden muss.

Darauf werde ich zurückkommen. Einstweilen bleibt festzustellen, dass bei einem von dieser Sichtweise her bestimmten Versuch, Theologie „wissenschaftlich" zu erhalten, vom Christentum nur ein armseliges Fragmentstück übrigbleibt. Aber wir müssen mehr sagen: Wenn dies allein die ganze Wissenschaft ist, dann wird der Mensch selbst dabei verkürzt. Denn die eigentlich menschlichen Fragen, die nach unserem Woher und Wohin, die Fragen der Religion und des Ethos können dann nicht im Raum der gemeinsamen, von der so verstandenen „Wissenschaft" umschriebenen Vernunft Platz finden und müssen ins Subjektive verlegt werden. Das Subjekt entscheidet mit seinen Erfahrungen, was ihm religiös tragbar erscheint, und das subjektive „Gewissen" wird zur letztlich einzigen ethischen Instanz. So aber verlieren Ethos und Religion ihre gemeinschaftsbildende Kraft und verfallen der Beliebigkeit. Dieser Zustand ist für die Menschheit gefährlich: Wir sehen es an den uns bedrohenden Pathologien der Religion und der Vernunft, die notwendig ausbrechen müssen, wo die Vernunft so verengt wird, dass ihr die Fragen der Religion und des Ethos nicht mehr zugehören. Was an ethischen Versuchen von den Regeln der Evolution oder von Psychologie und Soziologie her bleibt, reicht einfach nicht aus.

Bevor ich zu den Schlussfolgerungen komme, auf die ich mit alledem hinaus will, muss ich noch kurz die dritte Enthellenisierungswelle andeuten, die zurzeit umgeht. Angesichts der Begegnung mit der Vielheit der Kulturen sagt man heute gern, die Synthese mit dem Griechentum, die sich in der alten Kirche vollzogen habe, sei eine erste Inkulturation des Christlichen gewesen, auf die man die anderen Kulturen nicht festlegen dürfe. Ihr Recht müsse es sein, hinter diese Inkulturation zurückzugehen auf die einfache Botschaft des Neuen Testaments, um sie in ihren Räumen jeweils neu zu inkulturieren. Diese These ist nicht einfach falsch, aber doch vergröbert und ungenau. Denn das Neue Testament ist griechisch geschrieben und trägt in sich selber die Berührung mit dem griechischen Geist, die in der vorangegangenen Entwicklung des Alten Testaments gereift war. Gewiss gibt es Schichten im Werdeprozess der alten Kirche, die nicht in alle Kulturen eingehen müssen. Aber die Grundentscheidungen, die eben den Zusammenhang des Glaubens mit dem Suchen der menschlichen Vernunft betreffen, die gehören zu diesem Glauben selbst und sind seine ihm gemäße Entfaltung.

Damit komme ich zum Schluss. Die eben in ganz groben Zügen versuchte Selbstkritik der modernen Vernunft schließt ganz und gar nicht die Auffassung ein, man müsse nun wieder hinter die Aufklärung zurückgehen und die Einsichten der Moderne verabschieden. Das Große der modernen Geistesentwicklung wird ungeschmälert anerkannt: Wir alle sind dankbar für die großen Möglichkeiten, die sie dem Menschen erschlossen hat, und für die Fortschritte an Menschlichkeit, die uns geschenkt wurden. Das Ethos der Wissenschaftlichkeit – Sie haben es angedeutet, Magnifizenz – ist im Übrigen Wille zum Gehorsam gegenüber der Wahrheit und insofern Ausdruck einer Grundhaltung, die zu den wesentlichen Entscheiden des Christlichen gehört. Nicht Rücknahme, nicht negative Kritik ist gemeint, sondern um Ausweitung unseres Vernunftbegriffs und -gebrauchs geht es. Denn bei aller Freude über die neuen Möglichkeiten des Menschen sehen wir auch die Bedrohungen, die aus diesen Möglichkeiten aufsteigen, und müssen uns fragen, wie wir ihrer Herr werden können. Wir können es nur, wenn Vernunft und Glaube auf neue Weise zueinanderfinden; wenn wir die selbstverfügte Beschränkung der Vernunft auf das im

Experiment Falsifizierbare überwinden und der Vernunft ihre ganze Weite wieder eröffnen. In diesem Sinn gehört Theologie nicht nur als historische und humanwissenschaftliche Disziplin, sondern als eigentliche Theologie, als Frage nach der Vernunft des Glaubens an die Universität und in ihren weiten Dialog der Wissenschaften hinein.

Nur so werden wir auch zum wirklichen Dialog der Kulturen und Religionen fähig, dessen wir so dringend bedürfen. In der westlichen Welt herrscht weithin die Meinung, allein die positivistische Vernunft und die ihr zugehörigen Formen der Philosophie seien universal. Aber von den tief religiösen Kulturen der Welt wird gerade dieser Ausschluss des Göttlichen aus der Universalität der Vernunft als Verstoß gegen ihre innersten Überzeugungen angesehen. Eine Vernunft, die dem Göttlichen gegenüber taub ist und Religion in den Bereich der Subkulturen abdrängt, ist unfähig zum Dialog der Kulturen. Dabei trägt, wie ich zu zeigen versuchte, die moderne naturwissenschaftliche Vernunft mit dem ihr innewohnenden platonischen Element eine Frage in sich, die über sie und ihre methodischen Möglichkeiten hinausweist. Sie selber muss die rationale Struktur der Materie wie die Korrespondenz zwischen unserem Geist und den in der Natur waltenden rationalen Strukturen ganz einfach als Gegebenheit annehmen, auf der ihr methodischer Weg beruht. Aber die Frage, warum dies so ist, die besteht doch und muss von der Naturwissenschaft weitergegeben werden an andere Ebenen und Weisen des Denkens – an Philosophie und Theologie. Für die Philosophie und in anderer Weise für die Theologie ist das Hören auf die großen Erfahrungen und Einsichten der religiösen Traditionen der Menschheit, besonders aber des christlichen Glaubens, eine Erkenntnisquelle, der sich zu verweigern eine unzulässige Verengung unseres Hörens und Antwortens wäre. Mir kommt da ein Wort des Sokrates an Phaidon in den Sinn. In den vorangehenden Gesprächen hatte man viele falsche philosophische Meinungen berührt, und nun sagt Sokrates: Es wäre wohl zu verstehen, wenn einer aus Ärger über so viel Falsches sein übriges Leben lang alle Reden über das Sein hasste und schmähte. Aber auf diese Weise würde er der Wahrheit des Seienden verlustig gehen und einen sehr großen Schaden erleiden.[13] Der Westen ist seit Langem von dieser Abneigung gegen die grundlegenden Fragen seiner Vernunft bedroht und könnte damit einen großen Schaden erleiden. Mut zur Weite der Vernunft, nicht Absage an ihre Größe – das ist das Programm, mit dem eine

---

[13] 90 c–d; vgl. zu diesem Text R. Guardini, Der Tod des Sokrates, Mainz – Paderborn 5. Aufl. 1987, S. 218–221.

dem biblischen Glauben verpflichtete Theologie in den Disput der Gegenwart eintritt. „Nicht vernunftgemäß, nicht mit dem Logos handeln ist dem Wesen Gottes zuwider", hat Manuel II. von seinem christlichen Gottesbild her zu seinem persischen Gesprächspartner gesagt. In diesen großen Logos, in diese Weite der Vernunft laden wir beim Dialog der Kulturen unsere Gesprächspartner ein. Sie selber immer wieder zu finden, ist die große Aufgabe der Universität.

GESINE
SCHWAN

# „Mut zur Weite der Vernunft“
# Braucht Wissenschaft Religion?

„Glaube, Vernunft und Universität" ist die Vorlesung überschrieben, die Papst Benedikt XVI. am 12. September 2006 in Regensburg gehalten hat. Durch heftige Reaktionen auf das (wohl tatsächlich nicht besonders glücklich ausgewählte) Zitat der Aussage eines byzantinischen Kaisers über die Unvereinbarkeit von Religion und Gewaltanwendung konzentrierte sich die allgemeine Wahrnehmung zunächst stark auf Fragen des Islamismus. Später ist ein Nachdenken über das christlich-islamische Miteinander und ein – inzwischen auch weniger emotional geführtes – interreligiöses Gespräch in Gang gekommen, das schon als solches uneingeschränkt positiv zu bewerten ist. Es gibt hoffnungsvolle Zeichen für ein besseres gegenseitiges Verständnis.

Andere Aspekte der Vorlesung sind demgegenüber weniger wahrgenommen und diskutiert worden, obwohl auch sie Zündstoff enthalten. Bemerkenswert scheint mir in dieser Rede unter anderem auch die Auseinandersetzung mit der Rationalität des Glaubens, mit der Aufklärung und mit dem Wissenschaftsbegriff. Wir sind hier also in der Mitte des Themas „Glaube, Vernunft und Universität". Benedikt XVI. nennt seine Darlegung eine „in ganz groben Zügen versuchte Selbstkritik der modernen Vernunft". Im Folgenden fasse ich zunächst den Argumentationsgang des Papstes in gestraffter Form zusammen, gewiss ohne alle möglicherweise notwendigen Differenzierungen hier zu berücksichtigen.[1]

Glaube, so der Papst, braucht Vernunft. Schon die Selbstoffenbarung Gottes am brennenden Dornbusch als der „Ich bin“ „ist eine Bestreitung des Mythos“; im Babylonischen Exil erweist sich derselbe Gott seinem Volk als nah, obwohl es keinen Ort für den Kult gibt. „Mit diesem neuen Erkennen Gottes geht eine Art von Aufklärung Hand in Hand, die sich im Spott über die Götter drastisch ausdrückt, die nur Machwerke der Menschen seien“. Durch die Verbindung des biblischen Erbes mit dem griechischen Denken spricht das Christentum schließlich von dem „Gott, der sich als Logos gezeigt und als Logos liebend für uns gehandelt hat“. Liebe und Vernunft schließen einander also nicht aus, sondern gehören zusammen und fallen in Gott in eins. Deshalb ist die Rede von Gott oder die Feier des Kultus nur dann gottgemäß, wenn sie auch vernunftgemäß ist, so Benedikt XVI. im Anschluss an Paulus.

Der dabei zugrundeliegende Begriff von Vernunft freilich schließt die Möglichkeit ein, die Göttlichkeit Gottes anzuerkennen. Oder anders gesagt: Eine Ver-

---

1 Stellvertretend sei verwiesen auf den Beitrag „Glaube und Vernunft“ von Bischof Wolfgang Huber in der FAZ vom 31. 10. 2006, der sich mit den Begrifflichkeiten von Glauben und Vernunft in der Regensburger Vorlesung kritisch auseinandersetzt.

nunft, die ohne Gott auszukommen meint, ist gar keine Vernunft im Vollsinn des Wortes. Der Papst illustriert dies, indem er – gewissermaßen als Negativ-Folie – auf den rein immanenten Vernunftbegriff der nach-aufklärerischen Wissenschaft hinweist. Selbst die liberale Theologie des 19. und 20. Jahrhunderts habe sich diesem Verständnis unterworfen:

> „Jesus … wird im Letzten als Vater einer menschenfreundlichen moralischen Botschaft dargestellt. Dabei geht es [dem Theologen Adolf von] Harnack im Grunde darum, das Christentum wieder mit der modernen Vernunft in Einklang zu bringen, eben indem man es von scheinbar philosophischen und theologischen Elementen wie etwa dem Glauben an die Gottheit Christi und die Dreieinheit Gottes befreie. … Im Hintergrund steht die neuzeitliche Selbstbeschränkung der Vernunft, wie sie in Kants Kritiken klassischen Ausdruck gefunden hatte, inzwischen aber vom naturwissenschaftlichen Denken weiter radikalisiert wurde. … Nur die im Zusammenspiel von Mathematik und Empirie sich ergebende Form von Gewissheit gestattet es, von Wissenschaftlichkeit zu sprechen. Was

> Wissenschaft sein will, muss sich diesem Maßstab stellen. So versuchten dann auch die auf die menschlichen Dinge bezogenen Wissenschaften wie Geschichte, Psychologie, Soziologie, Philosophie, sich diesem Kanon von Wissenschaftlichkeit anzunähern. Wichtig für unsere Überlegungen ist aber noch, dass die Methode als solche die Gottesfrage ausschließt und sie als unwissenschaftliche oder vorwissenschaftliche Frage erscheinen lässt. Damit aber stehen wir vor einer Verkürzung des Radius von Wissenschaft und Vernunft, die in Frage gestellt werden muss."

Ein so „verkürzter" Vernunft- und Wissenschaftsbegriff, der von vornherein ausblendet, was nicht im Experiment falsifiziert werden kann, wird dem Ganzen der Wirklichkeit (und dem Menschen) nicht gerecht. Der Papst warnt denn auch vor „den uns bedrohenden Pathologien der Religion und der Vernunft, die notwendig ausbrechen müssen, wo die Vernunft so verengt wird, dass ihr die Fragen der Religion und des Ethos nicht mehr zugehören". Dabei geht es keineswegs darum, die Aufklärung als solche in Frage zu stellen, gerade auch wegen der

> „Fortschritte an Menschlichkeit, die uns geschenkt wurden … Nicht Rücknahme, nicht negative Kritik ist gemeint, sondern um Ausweitung unseres Vernunftbegriffs und -gebrauchs geht es … Nur so werden wir auch zum wirklichen Dialog der Kulturen und Religionen fähig, dessen wir so dringend bedürfen … von den tief religiösen Kulturen der Welt wird gerade dieser Ausschluss des Göttlichen aus der Universalität der Vernunft als Verstoß gegen ihre innersten Überzeugungen angesehen. Eine Vernunft, die dem Göttlichen gegenüber taub ist und Religion in den Bereich der Subkulturen abdrängt, ist unfähig zum Dialog der Kulturen."

Wenn also in der Wissenschaft eine Vernunft regiert, die keinen Raum für Glauben lässt, ist der Bock als Gärtner am Werk. Spricht der Papst hier sein Bedauern über den Rückbau theologischer Fakultäten in Bayern aus? Ermahnt er lediglich die Theologen, dass sie es jenseits aller historisch-kritischer Erklärbarkeiten immer noch mit Gottes Wort zu tun haben? Bangt er um das Standing abendländischer Kultur im interreligiösen Vergleich? Fordert er am Ende die Wissenschaften in ihrer Gesamtheit zum Tanz auf? Soll also die Religion zurück in die Wissenschaft? Wäre das wirklich eine gute Nachricht? – „Das Ethos der Wissenschaftlichkeit …", sagt Benedikt XVI., ist „Wille zum Gehorsam gegenüber der Wahrheit".

An das, was der Papst hier aus Sicht der Religion sagt, möchte ich anknüpfen und ein Feedback aus Sicht der Wissenschaft geben. Vielleicht wird es den einen oder anderen überraschen. Doch der Reihe nach.

*Eine These*

Dass Wissenschaft ausgerechnet Religion bräuchte – etwas Abwegigeres lässt sich wohl nicht denken! Steht Wissenschaft nicht für Freiheit, Offenheit, Neugier, verlässliche Erkenntnis? Geht Religion nicht dagegen mit einengender Autorität, Dogmatik, Gehorsam gegenüber dem Gewohnten und mit ungeprüftem Glauben einher? Liegt nicht aller vielleicht berechtigter Kritik zum Trotz das große Verdienst der Aufklärung darin, die Wissenschaft von der Religion befreit und dadurch erst zu sich selbst gebracht zu haben? Muss die Freiheit der Wissenschaft daher nicht gerade umgekehrt wachsam gegen die Fesseln religiöser Einengung und die Unterwerfung unter ungeprüfte Autoritäten verteidigt werden?

Diese kurz und skizzenhaft vorgebrachten Dichotomien ließen sich fortsetzen und entsprechen einem weitverbreiteten und durchaus verständigen *common sense*. Und dennoch halte ich die – vielleicht provozierende – These dagegen: *Die gegenwärtige Wissenschaft braucht Religion zu ihrer Befreiung.* Die Beweislast ist erheblich. Sie beginnt mit der Schwierigkeit, begrifflich genauer zu bestimmen, wovon die Rede ist.

*Das zugrunde gelegte Wissenschaftsverständnis*

Schon vor der Definition von Wissenschaft könnte man kapitulieren. Ihre lange Geschichte, in der sich ihr Sinn durchaus gewandelt hat, ihre aktuelle, nicht mehr übersehbare Ausdifferenzierung – sie legen allein aus Gründen der Bescheidenheit nahe, allgemeine Aussagen über sie zu unterlassen. Und dennoch verwenden wir den Begriff täglich, streiten darüber, ohne uns immer über die unterschiedlichen Assoziationen, die wir mit dem Begriff Wissenschaft verbinden, zu verständigen. Vielleicht ist daher der Weg einer redlichen Arbeitsdefinition vertretbar.

Wissenschaft wäre demnach für meine weiteren Überlegungen ein methodisch reflektiertes Erkennen von Wirklichkeit, das diese hinsichtlich ihrer Entstehung und Beschaffenheit, ihrer inneren Zusammenhänge, ihrer Ursachen und Entwicklungen zur Sprache bringt und damit ihre Wahrheit, vielleicht auch verschiedene Wahrheiten bzw. Wahrheitsaspekte entdeckt.

Methodische Reflexion und Sprachlichkeit unterscheiden sie von der Kunst (die ebenfalls die Wahrheit von Wirklichkeit zum Ausdruck bringt), das theoretische Erkenntnisziel vom allein praktischen und technischen Umgang mit der Wirklichkeit. Wissenschaft verlangt mit der Begründung ihrer Aussagen den wissenschaftstheoretischen Rückgang auf letzte Aussageprinzipien, die die ausgesprochene Erkenntnis theoretisch hinsichtlich ihrer Wahrheit bzw. Richtigkeit legitimieren. Diese enthalten unvermeidbar allgemeine Annahmen über Erkenntnisprinzipien und die zu erkennende Wirklichkeit, bis hin zu der Grenzposition, dass es solche Annahmen als zu rechtfertigende Wirklichkeitsprinzipien nicht gebe bzw. dass man sie nicht ausweisen könne. Implizierte Annahmen und daraus abgeleitete Erkenntnisse könnten dann immer nur als Entwürfe, Konstruktionen, Perspektiven gelten, deren Nicht-Beliebigkeit allenfalls in ihrer inneren Kohärenz oder Schlüssigkeit, in der Fähigkeit zu umfassender Deutung oder Erklärung von empirischen Phänomenen oder in ihrer technischen Handhabbarkeit auszumachen wäre, nicht aber in einer Übereinstimmung zwischen Erkenntnis und Wirklichkeit.

Wichtig bleibt dabei allerdings das Postulat, die Wahrheitskriterien wissenschaftlicher Aussagen jederzeit zu reflektieren und durchsichtig machen zu können, auch wenn in der Einzelforschung der methodische und methodologische Rückgang nicht immer ausdrücklich vorgenommen wird. Von dieser so wichtigen methodologischen Rückbindung an das zugrundeliegende Wahrheits- und Wirklichkeitsverständnis hängt jedoch die Fähigkeit der Wissenschaft zur Kritik ab, zur Sonderung zwischen „richtigen“ und „falschen“, zwischen haltbaren und beliebigen Aussagen. Zur Kritikfähigkeit gehört deshalb auch der umfassende und systematische Zusammenhang von Wissenschaft: Ihre Aussagen müssen sich prinzipiell allen potentiellen Erkenntnissen, Zusammenhängen und Wahrheitsprämissen stellen und Widersprüche zwischen ihnen thematisieren. Ob diese immer ausgeräumt, auf höherer Ebene „versöhnt“ oder nur stehen gelassen werden können, ist eine offene Frage. Unvereinbar mit Wissenschaft ist aber vorsätzliche oder unbedachte Borniertheit, die willkürliche Selbstbeschränkung auf einen einzelnen Aspekt.

Ungeklärt ist dabei noch das Verhältnis von Wissenschaft, Philosophie, Theologie und Mathematik, überhaupt dasjenige zwischen verschiedenen Wissensgebieten. Man könnte Wissenschaft, gerade in der Gegenwart, auf die Erfahrungswissenschaften beschränken und insbesondere Philosophie, Theologie und Mathematik ausschließen. Ich verwende einen umfassenden Wissenschaftsbegriff, der diese drei Disziplinen einbezieht und die obengenannten Merkmale wissenschaftlichen Erkennens für alle Bereiche als geltend erachtet. Ohne sie verschließt man sich der Er- und Begründung von Wahrheitsprinzipien, auf denen doch jede Erkenntnis ruht.

*Unfreiheit der gegenwärtigen Wissenschaft*

Eine Errungenschaft der Aufklärung und des modernen Verfassungsstaates ist die Befreiung der Wissenschaft von institutionellen unbefragbaren Autoritäten wie den Kirchen oder staatlicher Zensur. Hinter diese Befreiung zurückzugehen, würde in der Gegenwart Verrat an der Wissenschaft bedeuten. Ihre konstitutionell garantierte Freiheit ist ein unverzichtbares Gut. Allerdings ist diese Freiheit damit in der Realität noch nicht gesichert. In der Gegenwart gibt es eine Reihe von Tatbeständen, die die Freiheit – im Gegenteil – erheblich einschränken, ja ganz zu unterminieren drohen. Wo und wie geschieht dies?

Wissenschaft wird nicht im luftleeren Raum betrieben, sondern – in der Gegenwart – an Hochschulen und privaten wie öffentlichen Forschungsinstitutionen. Dies geschieht in weltweiter Vernetzung und in einem ebensolchen Wettbewerb. Vielfältige Faktoren wirken darauf ein, was erforscht und in der Lehre weitervermittelt wird, welche Fragen vornehmlich verfolgt werden, auf welche Gebiete sich die Aufmerksamkeit konzentriert. Naiv wäre die Vorstellung, in ihnen spielte die individuelle Neugier der Wissenschaftlerinnen und Wissenschaftler die entscheidende Rolle. Weichenstellend, jedenfalls für die Formulierung der Forschungsrichtungen und der Fragestellungen, wirken vielmehr die Prioritäten derjenigen Personen und Institutionen, die Wissenschaft finanzieren. Dies sind der Staat, öffentliche und private Stiftungen, Wirtschaftsunternehmen und sonstige private Sponsoren. Je kostenintensiver eine Wissenschaft ist, desto stärker schlagen deren Prioritäten durch. Dies gilt insbesondere für die Medizin, die Natur- und die Ingenieurwissenschaften.

Der mit Abstand wichtigste Gesichtspunkt, der dabei – auch staatliche – Finanzierung (jedenfalls in Deutschland) leitet, ist die absehbare wirtschaftliche Rentabilität wissenschaftlicher Ergebnisse, wozu nicht zuletzt die Ausbildung der Studierenden gehört. Das Gewicht dieses Gesichtspunktes rührt zum einen daher, dass Hochschulen und Wissenschaftsinstitutionen angesichts der leeren öffentlichen Kassen zunehmend auf private Finanzierung angewiesen sind und es in Deutschland (anders als z. B. in den USA) noch keine Tradition weitsichtigen, von kurzfristigen unmittelbaren Interessen abstrahierenden Mäzenatentums gibt. Aber auch öffentliche Geldgeber fordern zunehmend in Forschung und Lehre eine „Leistung“ von Universitäten, die politisch – möglichst durch Ankurbelung von Wirtschaft und Arbeitsmarkt – schnell und handgreiflich vorweisbar ist, die den möglichst sparsamen Umgang mit öffentlichen Mitteln demonstriert, die „Landesinteressen“ bedient und auf diese Weise kurzfristig erkennbare „gesellschaftliche Verantwortung“ praktiziert. Nicht unmittelbar verwertbare und ökonomisch wirksame Aspekte wie Bildung, kulturelle Tradierung, innerwissenschaftliche Wahrheitssuche und vor allem die systematische Zusammensicht wie der Abgleich von Forschungsergebnissen unterschiedlicher Wissenschaftsbereiche bzw. -disziplinen spielen dabei keine nennenswerte Rolle mehr. Grundlagenforschung wird in den Naturwissenschaften zwar als relevant akzeptiert und daher – insbesondere aus öffentlichen Mitteln – auch finanziert. Aber auch für deren Legitimation spielt der davon langfristig erwartbare wirtschaftliche Verwertungsaspekt eine entscheidende Rolle.

Zwar gibt es, vor allem in den Geistes- und Sozialwissenschaften, immer noch Nischen, in denen Personen unabhängig von solcher „Leistungs“-Logik ihre Fragen in Forschung und Lehre verfolgen. Außergewöhnliche Geister wie Jürgen Habermas und Niklas Luhmann erzielen damit in der öffentlichen Meinungsbildung auch eine hohe Wirkung. Zudem bieten auf diesem Feld Institute wie die der Max-Planck-Gesellschaft Raum für „desinteressierte“ Forschung. Aber das überwältigende Gros der Wissenschaftsfinanzierung geht in andere Bereiche und folgt der Logik ertragreichen Wirtschaftens. Auf der Strecke bleiben dabei die Transparenz der Prämissen und Ergebnisse und ihr Rückbezug auf Gesichtspunkte und Maßstäbe, die von einem umfassenderen Wahrheits- oder Wirklichkeitsverständnis her angelegt werden könnten: Was bedeuten chemische Dünger unter dem Gesichtspunkt neuerer geologischer, meteorologischer oder klimatologischer Forschung? Wie hängen finanzpolitische Strategien mit sozial- und moralpsychologischen Fragen zusammen? Woher rühren aktuelle Forschungskonzentrationen z. B. auf den Bereich embryonaler Stammzellen, welche kulturellen und sozialen Folgen haben ihre anwendungsorientierten Ergebnisse, wer bestimmt mit welcher Legitimation, wo die zukünftigen Akzente gesetzt werden? Diskussionen darüber können wir in verdienstvollen Feuilletons renommierter Zeitungen verfolgen – die Wissenschaft selbst, insbesondere die Hochschulen, finden dafür weder systematische Stimulierung noch die zum Nachdenken nun einmal erforderliche Zeit, da ein daraus entstehendes ökonomisch verwertbares Ergebnis, zumal unter dem Gebot des *publish or perish,* nicht zu erwarten ist. Die auf Interdisziplinarität angelegten Graduiertenkollegs und Sonderforschungsbereiche der Deutschen Forschungsgemeinschaft (DFG) und die neue Exzellenzinitiative sind ein wichtiger, aber noch unzureichender Versuch, die genannte Logik zu durchbrechen.

Wenn Freiheit der Wissenschaft Freiheit von außerwissenschaftlichen Zwängen bzw. Fesseln hinsichtlich ihrer Fragestellungen und die Chance wie die Bereitschaft bedeutet, sich frei von Borniertheit angrenzenden Gesichtspunkten und damit einem umfassenderen Wahrheitsverständnis zu stellen, dann bedeutet diese fast durchgängige außerwissenschaftliche und wirtschaftlichkeitsorientierte Bestimmung der Forschungsgebiete und Fragestellungen eine erhebliche Beeinträchtigung. Dass die Ergebnisse der Forschung natürlich nicht im Einzelnen vorgegeben werden, reicht für die Freiheit nicht aus. Zu ihr gehört die Offenheit, die Kriterien für die Priorität von Feldern der Lehre und der Forschung frei zu prüfen und in eigener Verantwortung zu bestimmen – und von solcher Freiheit kann zwar *de jure,* aber angesichts der Finanzierungsproblematik aktuell *de facto* nicht mehr die Rede sein.

Sofern in der öffentlichen Debatte um die Prämissen und die Folgen von Forschung von mahnenden Geistern das Postulat erhoben wird, einmal eingeschlagene Wege doch nicht weiter- und dafür andere zu verfolgen, löst dies in der Regel den Einwand aus, man könne sich im globalen Wettbewerb weltweiten Forschungsentwicklungen nicht entgegenstellen; es bleibe nur die Wahl, sich ihnen anzuschließen oder hoffnungslos und mit verheerenden Folgen für das eigene Land zurückzufallen. Demnach wäre die Wissenschaft einem Selbstlauf anheimgegeben, den sie nicht beeinflussen kann. Ihre Freiheit als Selbstbestimmung über Gegenstände und Forschungsstrategien hätte sie verspielt.

Die mit der Instrumentalisierung einhergehende Partialisierung von Wissenschaft als Zeichen ihrer Unfreiheit findet in ihrer exponentiellen Ausdifferenzierung und in den dadurch geprägten Karrieremustern von Wissenschaftlerinnen und Wissenschaftlern eine weitere Verstärkung. Die Spatzen pfeifen es von den Dächern: Wir können die sich täglich rasant vermehrenden Veröffentlichungen inhaltlich nicht mehr überblicken oder einordnen, das gelingt höchstens in einem zunehmend schmalen Wissensbereich auf Kosten des größeren Zusammenhangs. Damit ist eine Dynamik mit absurden Konsequenzen ausgelöst: Höchstes Spezialistentum in einer Teildisziplin geht mit höchstem Banausentum schon in der Nachbardisziplin einher. Das wäre nicht schlimm, wenn die Wahrheit der Wissenschaft einfach in der Anhäufung von Einzelwissen läge, sich die Ergebnisse nicht gegenseitig in die Quere kämen und damit den jeweiligen Wahrheitsanspruch in Frage stellten. Spätestens seit Thomas Kuhns Klassiker „Die Struktur wissenschaftlicher Revolutionen“[2] wissen wir aber, dass dies nicht der Fall ist. Wissenschaftliche Ergebnisse haben nicht nur Implikationen hinsichtlich der Perspektivität ihrer Prämissen, können daher nicht einfach aufsummiert werden. Sie zeitigen auch Konsequenzen für andere wissenschaftliche Aussagen über die Wirklichkeit. Wenn sie unterschiedlichen, gar inkommensurablen Paradigmen folgen, können ihre Ergebnisse nicht einfach addiert werden oder nebeneinander stehen bleiben. Früher konnten wir nicht zugleich behaupten, die Erde sei eine Kugel und eine Scheibe. Heute können wir nicht zugleich behaupten, die Kognitionsforschung widerlege die Annahme von der menschlichen Freiheit und unser politisches System baue zu Recht auf die Verantwortung der Bürger.

Wenn sich junge Wissenschaftlerinnen und Wissenschaftler heute dem Blick über den Tellerrand ihrer Disziplin stellen wollen, müssen sie geradezu Übermenschliches leisten. Denn bei ihrer Bewerbung fällt die Zahl – wenn es glücklich läuft, auch die geprüfte Qualität – ihrer Veröffentlichungen im Spezialgebiet ins Gewicht.

---

2 Thomas Kuhn, Die Struktur wissenschaftlicher Revolutionen, Frankfurt/Main, 2. Aufl. 1976.

Was darüber hinausgeht, erweckt eher den Verdacht unprofessionellen, und das heißt unseriösen Liebhabertums. So entsteht ein Habitus nicht nur des Spezialistentums, sondern auch des Abschließens in Diskurszirkeln und Forschungsschulen, außerhalb derer man sich nicht zu sehr tummeln sollte, wenn es um die Bewerbung auf die nächsten offenen Stellen geht. Man braucht dazu schließlich die Gutachten der einschlägigen Häupter; dafür sind Grenzgängertum und unkonventionelle wissenschaftliche Forschungswege nicht hilfreich. Die Freiheit eines offenen Wahrheitshorizonts, des Denkens in Alternativen, der widerspruchsbereiten Neugier, des Rückbezugs wissenschaftlicher Erkenntnis auf Fragen nach dem Sinn des eigenen Tuns bleibt dabei weitgehend auf der Strecke. Wohlgemerkt: nicht, weil den jungen Leuten der Sinn nicht danach stünde. Im Gegenteil, gerade die Begabtesten zeigen zunächst ein großes Bedürfnis danach und auch die entsprechende Begabung, aber das Karrieresystem steht – zumal unter dem Diktat der knappen Stellen – solcher Offenheit der Wahrheitssuche im Wege.

### *Freiheit und Wahrheit in der Wissenschaft*

Die angeführten Einschränkungen der Freiheit von Wissenschaft rühren also aus ihrer Abhängigkeit von den Wirtschaftlichkeitsprioritäten ihrer Finanzierung, aus der Akzeptanz eines nicht steuerbaren sog. Selbstlaufs, aus dem exponentiellen Wachstum ihrer Ausdifferenzierung, der dadurch nahegelegten disziplinären Abschottung und den damit verbundenen partikularisierenden Karrieremustern. Vornehmlich handelt es sich dabei um soziale Faktoren, die sich aber mit mentalen – der disziplinären Abschottung und der Akzeptanz eines systemischen Selbstlaufs von Wissenschaft – verbinden. *Sie laufen zusammen in der Instrumentalisierung von Wissenschaft zugunsten wirtschaftlicher Interessen und ihrer Unterwerfung unter partikularistische Gesichtspunkte, die ihre Instrumentalisierung begünstigen, weil das Tabu einer übergeordneten und umgreifenden Wahrheitsverpflichtung nicht mehr besteht.* Denn nur dieses Tabu bietet die Barriere, die einer Wissenschaftsentwicklung Einhalt gebieten kann, welche sich Partikularinteressen oder -gesichtspunkten unterwirft und dabei oft durchaus intelligent und methodisch raffiniert verfährt. Es zu erhalten – oder besser: wiederzuerrichten –, ist daher für die Freiheit gegenwärtiger Wissenschaft von zentraler Bedeutung. Zwar verlangte Wissenschaft immer auch das Einreißen von Tabus, allerdings solcher, die sich auf vorangegangene Lehrmeinungen oder wissenschaftstheoretische Prämissen, auch auf Paradigmata, bezogen. Die in der Gegenwart immer häufiger zu beobachtende generelle Aufhebung der Verpflichtung gegenüber „der

Wahrheit" dagegen ist von anderer Qualität, nimmt der Wissenschaft ihren Anker und gibt sie dem Spiel jeweiliger Wellen und Indienstnahmen preis.

Ist dieses harsche Urteil berechtigt? Hat die gegenwärtige Wissenschaft in ihrer Distanzierung von einem übergeordneten Wahrheitsbegriff nicht lediglich die Konsequenz aus der Geschichte der Philosophie, dem sog. Ende der Metaphysik und den unglaublichen naturwissenschaftlichen Entdeckungen der letzten Jahrhunderte gezogen, die es dem redlichen Intellekt verbieten, noch im emphatischen Sinne von der Wahrheit im Singular zu sprechen? Ist nicht alle Wahrheit perspektivisch, abhängig von der jeweiligen philosophischen bzw. wissenschaftstheoretischen Prämisse, die jede Forschung prägt, und insofern notwendig partikular? Führt die Forderung, dass sich Wissenschaft um ihrer Freiheit willen wieder auf ihre Verpflichtung gegenüber der Wahrheit besinnen müsse, nicht schnurstracks in den Dogmatismus? Was ist dagegen einzuwenden, dass die vielen verschiedenen Forschungen und Untersuchungen eben zu unterschiedlichen, auch einander widersprechenden Ergebnissen gelangen, wenn sie nur jeweils nützlich, anwendbar, tragfähig sind? Wenn wissenschaftliche Einzelforschungen so intelligent und scharfsinnig durchgeführt worden sind, dass sie ihren wirtschaftlichen Auftraggebern, auch auf Kosten anderer, zu einer vorzüglichen Marktposition verhelfen, warum sollten sie sich mit einem umfassenderen Wahrheitsverständnis, z. B. mit den Folgen solchen Verhaltens, herumschlagen? Und wer wäre berechtigt und in der Lage, eine solche Forderung aufzustellen? Wer sagt, dass sich Wissenschaft um Wahrheit als das Ganze kümmern müsste, dass sie einen Auftrag gegenüber dem Gemeinwohl hätte?

Beweisen kann das keiner, zumal die Praxis des Wissenschaftsbetriebs zeigt, dass man sie auch ohne Verantwortung für das Gemeinwohl rein intellektuell durchaus eindrucksvoll, mit Prestige und mit hohem finanziellem Erfolg betreiben kann. Auch die zunehmende Erforschung der Wissenschaftsgeschichte im Dritten Reich zeigt dies. War und ist solche Wissenschaft unfrei? Oder braucht Wissenschaft gar keine Freiheit? Müsste man ihre Freiheit genauer bestimmen?

Hier lauert die Gefahr des Zirkels. Denn die Unfreiheit gegenwärtiger Wissenschaft wurde bisher als Abhängigkeit von wirtschaftlichen Vorgaben, als Verzicht auf die Entscheidung über Forschungsprioritäten und als spezialistische Abschottung gegenüber Infragestellungen durch andere Perspektiven oder Forschungsergebnisse definiert. Gemeinhin und auf den ersten Blick würde man diese Aspekte wohl als Merkmale der Unfreiheit akzeptieren. Freilich ist in dieser Bestimmung schon ein Freiheitsverständnis eingeschlossen, hinter dem mehr steht als eine beliebige allgemeine Unabhängigkeit, nämlich eine Bindung an Wahrheit, die expliziert werden muss.

Wenn die Unterstellung von Wissenschaft – sei sie nun öffentlich oder privat finanziert – unter Partikularinteressen der Wirtschaft oder der Karriere oder ihre disziplinäre Borniertheit auch dort, wo sie von Wissenschaftlern freiwillig, möglicherweise zum eigenen Vorteil, vollzogen wird, als unfrei bestimmt wird, so steht dahinter die Behauptung, dass Wissenschaft unabhängig vom Belieben des einzelnen Wissenschaftlers oder der Wissenschaftlerin einer Wahrheit verpflichtet ist, die sich prinzipiell nicht verschließen darf, gegenüber keiner Frage und keiner alternativen Erkenntnis. Es handelt sich dabei gerade nicht um eine inhaltliche dogmatische Vorgabe, sondern um die formale Vorgabe der Offenheit gegenüber Infragestellungen; ja darüber hinaus um die Aufgabe, Alternativen selbst aufzuspüren und sich in größeren Zusammenhängen zu situieren. Hinter ihr steht zum einen die Annahme, dass die Wirklichkeit, um die es der Wissenschaft geht, ihrerseits unabgeschlossen ist, d. h. durch keinen Zugang erschöpfend begriffen werden kann und daher auch nicht auf einen reduziert werden darf, so dass eine nicht nur forschungspragmatisch begründete, sondern vorsätzliche oder interessenbedingte partikulare Festlegung sich am Gegenstand von Wissenschaft versieht. Freiheit bedeute hier, wie in anderen Fällen auch, nicht etwa Beliebigkeit, sondern Unabhängigkeit von Fremdbestimmung dank der Bindung an eine Rechtfertigung aus dem Grund der Sache selbst: der umfassenden und daher auf Offenheit angelegten Wahrheit. Diese verlangt aber, gerade vor dem Hintergrund gegenwärtiger Wahrheitsdiskussionen, die unaufhörliche Konfrontation mit der Herausforderung durch Alternativen.

Zum Zweiten enthält dieses Wahrheitsverständnis eine Rückbindung an den ursprünglichen Verlässlichkeitsaspekt von Wahrheit. Menschen streben nach ihr, um ihr Dasein ungefährdeter einzurichten, sie suchen nach einem Grund, auf den sie bauen können. Dieses Urbedürfnis nach Sicherheit, das nach Wahrheit, Wahrhaftigkeit und einem darauf gegründeten Vertrauen verlangt, hält auch in der Gegenwart an. Das moderne Wahrheitsverständnis musste zwar mit der andauernden Offenheit für die Auseinandersetzung mit unterschiedlichen Interpretationen und Ansprüchen die substantielle Idee einer allgemeingültigen Erkenntnis im Singular aufgeben. Aber die Entscheidung, sich keinem Partikularaspekt oder -interesse unterzuordnen, bewahrt in dieser heuristischen Orientierung auf das Allgemeine als das den Menschen Gemeinsame doch noch den heute möglichen Rest an Verlässlichkeit, der die Grundlage für das Vertrauen in die Wissenschaft bietet. Dass dieses zurzeit merkbar schwindet, stellt keinen Einwand, sondern ein Indiz für die Richtigkeit dieser Annahme dar. Denn das Vertrauen in die Wissenschaft schwindet in dem Maße, wie einer größeren Öffentlichkeit die zunehmende Dominanz partikularer, insbesondere wirtschaftlicher Interessen in der Wissenschaft bewusst wird. Wenn es keine institutionelle und individuell mentale Bindung der Wissenschaft an Wahrheit mehr gibt, wenn sie überdies zunehmend für ihren Erfolg auf Verfahren des betriebswirtschaftlichen Marketings setzt – warum sollte man in ihr etwas anderes sehen als eine ganz gewöhnliche Firma, die versucht, ihre Produkte mit Hochglanzbroschüren zu verkaufen, um ihre eigenen Interessen zu bedienen?

Freilich hat diese Abkoppelung von der Wahrheit als Verlust der eigentlichen Wissenschaftsfreiheit überaus destruktive Folgen für das Wissenschaftssystem wie für die freiheitliche Gesellschaft. Dieter Grimm hat mehrfach kritisch auf die aktuelle Vermengung von Wissenschafts- und Wirtschaftssystem (im Luhmann'schen Sinne) hingewiesen.[3] Wenn Wissenschaft ihre autono-

---

[3] Die Wissenschaft setzt ihre Autonomie aufs Spiel. Welche Freiheit schützt das Grundgesetz? Unter dem Druck von Politik und Wirtschaft verändert sich die Logik der Forschung. Ein Interview mit Dieter Grimm, in: FAZ, 11. 2. 2002, S. 48.

me Legitimation durch Wahrheit freiwillig zugunsten der Legitimation durch wirtschaftlichen Erfolg ersetzt, dann gibt es keinen Grund mehr, ihr irgendeine gesonderte Unterstützung bzw. einen besonderen Schutz zu gewähren. Hochschulen und Forschungsinstitute wären ökonomische Unternehmen, ihre Finanzierung könnte sich nicht mehr durch eine Leistung für die Allgemeinheit begründen. Grundlagenforschung würde, jedenfalls wo keine Verwertungsperspektive lockt, obsolet, und die darauf aufbauende, vielfach schon mit ihr verwobene angewandte Forschung könnte „guten Gewissens" durch private Auftragsforschung ersetzt werden. Die am Wahrheitspostulat hängende Autonomie des Wissenschaftssystems ist aber Voraussetzung der Glaubwürdigkeit und Autorität von Wissenschaft.

Die hochdifferenzierten freiheitlichen Gesellschaften der Gegenwart sind im Übrigen auf solche Autoritäten angewiesen, weil ohne sie der „Kitt" eines – überprüfbaren – Vertrauens zerbröselt. Demokratische Freiheit und Autorität, die sich aus Wahrhaftigkeit und Sachkompetenz speist, brauchen einander – Alexis de Tocqueville ist der Klassiker, auf den sich diese Grundeinsicht stützt. Wissenschaft wieder von Fremdbestimmung und partikularistischer Borniertheit durch die Rückbindung an die Wahrheitsverpflichtung zu befreien, wäre daher auch ein unverzichtbarer Dienst an der freiheitlichen Demokratie – dies ebenfalls unter dem Aspekt ihrer langfristigen Lebensfähigkeit. Denn wir wissen trotz aller Trendforschung nicht, welchen Herausforderungen die globalen Gesellschaften in 20, 30, geschweige denn 100 Jahren ausgesetzt sein werden. Die Unterstellung unserer geistigen Neugier unter aktuelle Verwertungsbedürfnisse verengt unseren Horizont und bringt uns um Einsichten, Erfindungen, intellektuelle Innovationen, die in späterer Zeit von vitalem Interesse sein können. Das wachsame Offenhalten unseres geistigen Horizontes und die Förderung individueller Forschungsneugier unabhängig von kurzfristig absehbarer Nützlichkeit bietet zwar noch keine Garantie für eine zureichende Ausstattung in der Zukunft. Aber – und hier können wir ein erstes Glaubenselement ausmachen – unsere geschichtliche Erfahrung mit dem Reichtum der Natur legt es nahe, diesem in der Form nicht gemaßregelter geistiger Neugier für Leben und Zukunft unserer Freiheit mehr zu vertrauen als aktuellen Interessen und Nützlichkeitserwägungen. Die Einsicht in deren Begrenztheit, allgemeiner: in unsere Endlichkeit könnte uns, religiös gesprochen, zum Heil gereichen.

*Die Rolle von Religion*

## 1. Wahrheit und Transzendenz

Wenn der zentrale Grund für die Unfreiheit gegenwärtiger Wissenschaft im sozial bedingten mentalen Verlust der Verpflichtung auf eine verbindliche und umfassende Wahrheit liegt, die partikulare Borniertheit überschreitet, einem Verlust, dem auch die Orientierung auf das Gemeinwohl in der freiheitlichen Gesellschaft zum Opfer fällt, dann wäre der Beitrag von Religion – soll sie zur Befreiung der Wissenschaft verhelfen – in einer Rückbindung an die Wahrheitsverpflichtung zu suchen, die geistige Neugier, undogmatische Offenheit für grenzüberschreitende Alternativen und die Orientierung auf eine lebendige freiheitliche Gesellschaft – im Weltmaßstab – begünstigt und trägt.

Spätestens an dieser Stelle können wir der Schwierigkeit, unser Verständnis von Religion zu erläutern, nicht mehr ausweichen. Der bisher praktizierte funktionale Zugang legt es nahe, Definitions-„Schichten" nacheinander einzuführen und im Zuge der Argumentation zusammenzufügen, aus der Sache heraus und um so lange wie möglich „anschlussfähig" zu argumentieren auch für diejenigen, die sich nicht als religiös verstehen. Damit ist allerdings nicht gemeint, dass der Sprung in den Glauben, den ich schließlich als zentrale Voraussetzung gelebter Religiosität betrachte, rational und stufenweise, gar in der Reprise eines Gottesbeweises vonstatten gehen könnte. Aber seine vernunftmäßigen Voraussetzungen können durchsichtig gemacht werden, und die Vereinbarkeit mit der Vernunft liegt gerade darin, deren Grenzen und seinen Charakter als Sprung und als Wagnis anzuerkennen.

Als erste grundlegende Schicht meiner Religionsbestimmung nenne ich die subjektive Wahrnehmung einer absoluten, die empirische Faktizität transzendierenden Verpflichtung, die sich von einer transzendenten „Instanz", einer „Erzählung", einem „Mythos" als einem normgebenden Vorbild jenseits der sinnlichen Realität herleitet und – bewusst oder unbewusst – motiviert. Ein Beispiel dafür ist die in Rede stehende Verpflichtung von Wissenschaft auf Wahrheit. In seiner Schrift „Die Gegenwärtigkeit des Mythos" hat der polnische Philosoph Leszek Kolakowski die mythische, d. h. nicht metaphysisch ausweisbare, sondern in einem Akt der unbefragten Annahme – der Hoffnung und des Glaubens – vollzogene Rückbindung von Wissenschaft an Vernunft und Logik als deren notwendige Voraussetzung auszuweisen versucht. Dies gilt gerade dort, wo Wissenschaft sich von solchem Mythos unabhängig zu definieren, selbstsetzende Entscheidungen zu treffen behauptet, sei es, indem sie sich in ihrer Begründung als zufällig deklariert oder auf das Nur-Utilitäre beschränkt.

> „Auf der Suche nach Argumenten für ihre Selbst-Genügsamkeit ist sie [die Wissenschaft] nicht mehr selbstgenügsam, und indem sie im Namen der eigenen Regeln gegen den Mythos optiert, kann sie dem Zirkelschluss des Naturalismus nicht ausweichen. Innerhalb des Gefängnisses, das das Wissen errichtet, kann der Ganzheit des Wissens nicht rechtmäßig Sinn verliehen werden … Insbesondere kann sich das utilitäre Wahrheitsverständnis auf keine empirischen Gründe berufen, denen es ja selbst erst Bedeutung verleiht“.[4]

Verpflichtende erkenntnistheoretische Regeln müssen zu ihrer Legitimation den innerwissenschaftlichen Diskurs überschreiten. Ein (scheinbarer) Ausweg besteht nur, wenn wir uns hinsichtlich des Wahrheits- und Erkenntnisstatus wissenschaftlicher Aussagen gar nicht mehr befragen, sondern uns unreflektiert instrumentalisieren, treiben (lassen). Eben dies aber ist die – *de facto* vielfach vollzogene – Absage an die Wahrheitsqualität von Wissenschaft. So gilt umgekehrt: Wenn Wissen-

---

[4] Leszek Kolakowski, Die Gegenwärtigkeit des Mythos, München – Zürich 1984, S. 59 f.

schaft ihre Verpflichtung auf Wahrheit erhalten will, muss sie sich auf eine wissenschaftstranszendierende, die Endlichkeit überschreitende Legitimation und Verpflichtung beziehen. Dies ist ein religiöser Akt.

Ein Atheist wird diesem Schluss mit Protest begegnen. Warum sollten wir uns eine solche absolute Verpflichtung auf die Wahrheit nicht selbst und autonom auferlegen können? Liegt in diesem Autonomiepostulat nicht gerade der entscheidende Schritt der Aufklärung, hinter die wir doch nicht zurück wollen? Das schon innerhalb der Aufklärung und bis in die Gegenwart diskutierte Problem liegt im Widerspruch zwischen unserer menschlichen Endlichkeit, die sich ohne Rückbezug auf ein Absolutes nicht aus ihrer Zufälligkeit befreien kann, und dem Absolutheitsanspruch unserer Selbstsetzung. Kann sich etwas Zufälliges bzw. Endliches absolut setzen und verpflichten? Die diesbezüglichen historischen Versuche sind bisher schrecklich gescheitert, und logisch handelte es sich um eine *petitio principii.* Ob und wie wir im wachen und anhaltenden Bewusstsein unserer Zufälligkeit leben können, ohne uns in die Zerstreuung zu flüchten, mag eine nur psychologische Frage sein. Albert Camus hat diesen Lebensentwurf wohl am markantesten und menschlich am überzeugendsten vertreten. Aber die Wissenschaft kann auf dieser Basis keinen Wahrheitsanspruch aufrechterhalten.

## 2. Wissenschaft und ganzheitlicher Wahrheitshorizont

Aber ist Religion nur die Akzeptanz des transzendenten Status von verpflichtender Logik? Geht sie nicht darüber hinaus? Hat sie sich nicht historisch sehr verschieden realisiert? Haben sich nicht im Namen von Religion Kirchen bzw. Institutionen etabliert mit Herrschaftsansprüchen über Wahrheit und Wissenschaft, die aus der Höhe wissenschaftstheoretischer Abstraktion aus dem Blick zu geraten drohen? Es gilt also, weitere Schichten möglicher Definition von Religion abzutragen.

Im Spektrum der historischen Religionen kann man wohl personzentrierte monotheistische Offenbarungsreligionen von anderen (Naturreligionen sowie den asiatischen Ahnen- und Stifterreligionen) unterscheiden. Allein aus Kompetenzgründen will ich mich auf die erste Gruppe beschränken, ohne damit ein inhaltliches Präjudiz treffen zu wollen. Gemeinsam ist wohl allen ein Transzendenzverständnis, das der Minimaldefinition der ersten Schicht entspricht: Demnach stifteten auch die im Folgenden nicht weiter einbezogenen Religionen doch einen verpflichtenden Wahrheitsbezug, der innerhalb der empirischen Einzelkenntnisse nicht zu legitimieren ist. Das gilt jedenfalls für den Zusammenhang von Gelehrtentum und Konfuzianismus, und es wäre interessant, diese Frage religionswissenschaftlich weiterzuverfolgen.

Das westliche Wissenschaftsverständnis, das zwar keineswegs das unbefragt einzige sein sollte, hier aber Gegenstand der Analyse ist, haben im wesentlichen, zusammen mit der klassischen Antike, die drei Offenbarungsreligionen geprägt – und zeitweise auch durch eine dogmatisierte Welt- und Wahrheitssicht behindert. Ihnen entnehme ich wichtige Elemente, die die dynamische Entwicklung von Wissenschaft und die rationale Durchdringung der Wirklichkeit historisch geprägt haben und die auch für die zukünftige Entwicklung von Wissenschaft unter dem Aspekt ihrer Freiheit von Bedeutung sein können.

Dazu gehört zunächst der Glaube an die Welt als eine Schöpfung, die zum Guten angelegt und von Gott in die partnerschaftliche Mitverantwortung der Menschen gegeben ist. Darin zeigt sich deren Gottebenbildlichkeit. Als Personen, deren Namen Gott kennt, tragen sie Verantwortung für ihr Leben und ihre Entscheidungen, schulden ihm und ihren Mitmenschen dafür Antwort und sind darin in Gottes Liebe und Treue geborgen, auch in ihrem Versagen und auch beim Letzten Gericht. Alle Erkenntnis ist eingebettet zum einen in die Endlichkeit und Fehlbarkeit der Menschen, zum anderen in die eschatologische Treue Gottes[5] und in das

---

[5] Eberhard Schockenhoff, Die Würde ist immer die Würde des an-

Vertrauen in die schlussendliche Gutheit der Schöpfung, also auch in das Gelingen der Mitschöpfung durch die Menschen.

Vor diesem Horizont ist Wissenschaft als Entdeckung von Wahrheit nicht nur der Vernunft freigegeben, sondern gottgewollt und sinnstiftend, ein gutes Mit-Tun an Gottes Werk. In solchem ganzheitlichen Wahrheitsverständnis ist sie auch Quelle der Freude und des Lebens, weil sich alle Erkenntnis der Welt letztlich auf Gott, in den Worten Jesu: den Weg, die Wahrheit und das Leben richtet.

Wenn die Wirklichkeit als Gegenstand von Wissenschaft ebenso wie die Wissenschaftlerinnen und Wissenschaftler selbst im Glauben als Gottes Schöpfung begriffen werden, so hat das Folgen für Forschung und Lehre. Beide sind in die Verantwortung für eine Schöpfung genommen, die als prinzipiell gut gilt und daher auch im Werk der Mit- und Weiterschöpfung in ihrem Bestand gesichert und in der Komplexität ihrer inneren Struktur und ihres lebendigen Zusammenhangs geachtet werden muss. Jeder Eingriff muss sich die Frage nach den Folgen und deren Beherrschbarkeit sowie nach dem Heil für Mensch und Welt stellen. Je folgen-

---

deren. Der Schöpfungsglaube hat einen rationalen Gehalt, der in der Debatte um die Biopolitik konsequent entfaltet werden sollte, in: FAZ, 23. 1. 2002, S. 44.

reicher wir aufgrund des Fortschritts unseres Wissens über die Abläufe der Natur, das ja zugleich immer neue, oft unheimliche Perspektiven des Nicht-Wissens aufreißt, technisch zu manipulieren vermögen, desto gravierender stellt sich das Gewicht dieser Verantwortung. Wissenschaft, die die Endlichkeit der Menschen, damit auch ihre Fehl- und Korrumpierbarkeit aus dem Blick verliert, gerät in Schuld. Andererseits bewahrt uns die Aufforderung Gottes zur Mitschöpfung und seine eschatologische Zusage vor Ängstlichkeit, befreit uns somit zur Forschung und zum Vertrauen in unsere Vernunft.

Freilich gilt diese Zusage nicht für eine Wissenschaft, die die menschliche Endlichkeit, die damit verbundene Gefahr der Hybris, der vereinzelnden Verantwortungslosigkeit bzw. der Verantwortungslosigkeit durch Vereinzelung, der unvernünftigen Instrumentalisierung und der Abtrennung vom lebendigen Zusammenhang personaler Gemeinschaft übersieht. Der Schöpfungsgedanke konstituiert auch einen wichtigen Unterschied zu einem Grundverständnis, das den Sinn von Wissenschaft nur oder vornehmlich darin findet, die Menschen „von den Schicksalszwängen der Natur zu befreien“.[6] Sich die Erde untertan zu machen, bedeutet nicht, die

[6] So Hubert Markl in der FAZ vom 25. 6. 2001, S. 52.

Grenzen der Natur einfach loszuwerden. Wenn Hubert Markl dazu auffordert, „Freiheit und Verantwortung der Forschung wirklich als integralen Ausdruck unserer Menschenwürde zu begreifen",[7] dann fehlt aus religiösem Würde- und Verantwortungsverständnis ein Hinweis auf deren Gefährdung wie auf die Notwendigkeit inhaltlicher Orientierung umso mehr, als die zuvor genannte Befreiung von den Schicksalszwängen der Natur eine prinzipiell nicht begrenzte und rein technisch begriffene Instrumentalisierung nahelegt, zumal wenn Wissenschaft, wie bei Markl, eng mit „technischer Erfindungsgabe", und nur mit dieser, assoziiert wird.

Die Alternative besteht eben nicht darin, entweder auf Freiheit und Selbstverantwortung zu bauen oder „sich blind hoffend und leidend dem Naturgeschehen zu unterwerfen". Vielmehr tut sie sich auf zwischen einer unreflektierten, ungeprüften „Systemzwängen" und Partikularinteressen unterworfenen, insofern blinden und daher *unfreien* Naturbeherrschung auf der einen Seite und einer auf Wahrheit als einen ganzheitlichen Horizont verpflichteten und erst dadurch *freien* Naturbeherrschung auf der anderen Seite. Den Horizont dafür bietet die Religion insofern, als ihr gemäß die Sorge um das Ganze der Schöpfung, um die Ab-

[7] Ebd.

wehr der wissenschaftlichen Partialisierung und damit oft einhergehender zerstörerischer Einzelinteressen den Wunsch nach Befreiung von blinden Naturzwängen immer begleiten muss. Daraus folgt noch keine Regieanweisung für den Umgang mit embryonalen Stammzellen. Und mit Markl teilt ein religiös verankertes Wissenschaftsverständnis das Vertrauen in die menschliche Erfindungsgabe. Aber im Unterschied dazu baut es nicht naiv darauf, dass die meisten Forscher sich „wünschen ... dass das, was sie erforschen, zum Nutzen der einzelnen Menschen wie der Gesellschaft und der Umwelt wirkt", ohne die erkennbaren sozialen und ökonomischen Zwänge sorgfältig zu prüfen, die die Forschungsrichtungen de facto bestimmen. Einem religiös gebundenen Wissenschaftsverständnis ist daher auch die politisch längst gängige Einsicht näher, dass zwischen Forschung und Anwendung – die dann allein ethisch verantwortlich wäre – heute nicht mehr getrennt werden kann, dass Entscheidungen zur Forschungsfinanzierung bereits weitgehende Entscheidungen über die spätere Anwendung einschließen. Markls Plädoyer für eine rein negativ bestimmte Freiheit erstaunt umso mehr, als er in einer verdienstvollen Bilanz der Vorgeschichte der Max-Planck-Gesellschaft die antimoralischen Verirrungen hochqualifizierter Wissenschaft im Nationalsozialismus beim Namen genannt hat.

Wissenschaft hat aus sich selbst keinen normativen Wegweiser, keine Orientierung am ganzheitlichen Horizont der Wahrheit. Religion im hier vorgestellten Verständnis ist kein Reservoir sicherer Maßstäbe oder Werte, auf die sich eine säkularisierte Gesellschaft als Krücke einfach stützen könnte. Wäre sie dies, dann entstünde wieder die Gefahr dogmatischer Knebelung, weil die Verantwortung und damit auch die Freiheit der Menschen als Partner in Gottes Schöpfungswerk nicht ernst genommen würde. Solche Verantwortung enthält mit der Freiheit auch immer die Gefahr des Fehlgehens.

Aber die Religion gibt einzelnen Wissenschaftlern wie den Institutionen zu bedenken, dass Wissenschaft de facto immer in einem größeren Wirkungszusammenhang geschieht und dass es in unserer unaufgebbaren Verantwortung liegt, diesen Zusammenhang, sowohl den innerwissenschaftlichen als auch den mit der außerwissenschaftlichen Welt, immer erneut analytisch zu durchdringen, ihn nicht einem blinden Selbstlauf zu überlassen, sondern nach gemeinsam diskutierten Werten und Orientierungen zu gestalten. Sie gibt dazu auch den Mut und die Zuversicht, die sich auf Gottes Treuezusage gründen. Beides ist wichtig, weil die einzelnen Wissenschaftler oft eine erhebliche Entscheidungslast drückt.

## 3. Naturwissenschaft und Gottes Handeln in der Welt

Aber lässt sich eine religiöse, auf den Schöpfungsglauben bauende Interpretation der Wirklichkeit als Gottes Schöpfung mit den Erkenntnissen der modernen Naturwissenschaft vereinen? Wo und wie soll ein Gott, der uns „beim Namen nennt" und also nicht als unbewegter Beweger indifferent sein durch eherne Gesetze beherrschtes Werk betrachtet, sondern immer wieder mit uns, durch uns und für uns handelt, in dieser Welt wirken? Muss Wissenschaft nicht nach Gesetzen oder wenigstens Regelmäßigkeiten suchen? Wo bleibt da noch eine Eingriffsmöglichkeit für Gott? Setzt Wissenschaft nicht einen methodologischen Atheismus voraus?

Auch dieses große Thema kann hier nicht annähernd angemessen behandelt werden. Aber ich kann es auch nicht ganz auslassen. Hier bietet die neuzeitliche Infragestellung eines gültigen „objektiven" Wahrheitsbegriffs eine Chance. Sie erlaubt zugleich eine Spezifizierung des Wahrheitsverständnisses, das meinen Überlegungen zugrunde liegt. Denn die Verpflichtung auf Wahrheit, an die ich die Freiheit von Wissenschaft binde, kann ja nicht auf einen naiven Objektivismus bauen. Sowohl in den Geistes-, Sozial- bzw. Kulturwissenschaften als auch in der Naturwissenschaft der Gegenwart beginnt sich ein Wahrheitsverständnis durchzusetzen, das zum einen Wahrheit als Kommunikation, als Geschehen begreift und an die Wahrhaftigkeit der Kommunizierenden bindet und zum anderen ihre darin eingeschlossene Perspektivität bzw. Relationalität akzeptiert.

In den Worten von Thomas Kuhn handelt es sich um Paradigmata, an die die Wahrheit einer jeweiligen wissenschaftlichen Aussage gebunden ist (sie ist deswegen *relational*), die untereinander inkommensurabel sind oder sein können. Deshalb ist es unmöglich, wissenschaftlichen Fortschritt als „Wissens-Kumulation" zu begreifen, mit der wir der wirklichen Natur immer näher kämen.[8] Die Paradigmata und die dazugehörigen Theorien bilden in ihrer historischen „Abfolge keine einheitliche Richtung einer ontologischen Entwicklung". Die Newton'sche Mechanik hat zwar „als Instrument der Problemlösung"[9] die aristotelische, und die Einstein'sche die Newton'sche „verbessert". Aber „in manchem wichtigen Punkt, wenn auch keineswegs in jedem, ist Einsteins Relativitätstheorie Aristoteles näher; Newton scheint da beiden ferner zu sein."[10] Wahr-

8 Kuhn, a. a. O., S. 217 f.

9 Ebd., S. 218.

10 Ebd.

heit gibt es in Relation zum Paradigma und zur damit erzielten theoretischen oder praktischen Problemlösung. In dieser Relation behält die Unterscheidung zwischen richtig und falsch ihren Sinn. Aber sie bleibt perspektivisch, bringt die Wirklichkeit nicht erschöpfend zum Ausdruck. Die Bindung an einen religiösen, absolut verpflichtenden, umfassenden und zugleich transzendenten, prinzipiell nicht erreichbaren Wahrheitsbegriff lenkt den Blick auf diese Relationalität, die den Wert der Erkenntnis und deren Beschränktheit zugleich aufbewahrt und angesichts der prinzipiell unbeschränkten Palette von Paradigmata naturwissenschaftlicher Erkenntnis dem Wirken Gottes einen ebenso unbeschränkten Raum lässt.

Und selbst innerhalb eines Paradigmas wie dem der Chaostheorie bleibt die Frage offen, ob das Verhalten chaotischer Systeme nur aus epistemologischen oder aus ontologischen Gründen unvorhersehbar ist: „Their behavior is intrinsically unpredictable in detail. The central question is whether this reflects an inevitable ignorance on our part (an epistemological defect) or whether it is the clue to a deeper understanding of the nature of physical reality (an ontological insight) … Ultimately the decision between the two options is a metaphysical one.“[11]

---

[11] John Polkinghorne, Chaos Theory and Divine Action, in: W. Mark

„It seems entirely conceivable", so fährt der Cambridger Naturwissenschaftler Polkinghorne fort, „that God also interacts with the creation through the input of active information into its open physical process."[12]

*Fazit: Wie kann Religion Wissenschaft befreien?*

Religion, so können wir das Fazit formulieren, befreit Wissenschaft dann und in dem Maße, wie sie sie gegen Partikularinteressen, die entmündigende Unterwerfung unter einen weltumspannenden Selbstlauf und die Partialisierung in Spezialwissen sowie darauf ausgerichtete Karrieremuster durch die Verpflichtung auf einen transzendenten Wahrheitsanspruch feit. Wahrheit von begründeten Aussagen ist hierbei als ganzheitlicher Horizont, als unaufhörliche Offenheit gegenüber ebenso begründeter Infragestellung, als unermüdliche Beachtung von und Suche nach Zusammenhängen und insofern als unabschließbares Kommunikationsgeschehen bestimmt. Im Offenbarungsglauben kommen der Gedanke der Wirklichkeit als Schöpfung, der Verantwortung für diese und für das Heil der Welt sowie das Vertrauen in Vernunft und letztliches Gelin-

---

Richardson, Wesley J. Wildman (eds.), Religion & Science. History, Method, Dialogue, New York & London 1996, S. 243–252, hier 246.

12 Ebd., S. 248.

gen aufgrund der eschatologischen Treue Gottes hinzu, trotz der menschlichen Endlichkeit. Der Glaube an die Verpflichtung wie an die Treue Gottes macht uns offen für die Zukunft, befreit uns von Ängstlichkeit wie von mentaler Borniertheit, ermutigt uns als verantwortliche Partner Gottes zur Selbstbestimmung gegen die resignierte Unterwerfung unter vermeintliche Zwangsläufigkeit und stärkt mit unserem Gewissen die Bereitschaft, das Wagnis der unbeschränkten Wahrheitssuche in der Kommunikation auch dort einzugehen, wo inkommensurable Paradigmata, widersprüchliche methodologische Ansätze oder gegenseitige Fremdheit von Disziplinen die Aussicht auf ein Übereinkommen scheinbar definitiv versperren. Indem Wissenschaft mit der Verpflichtung auf Wahrheit wieder den Grund in den Blick nimmt, *warum* Menschen eigentlich nach der Erklärung von Wirklichkeit suchen, und erkennt, dass Erklärung ohne die Frage nach ihrem Grund ihrerseits den Boden verliert,[13] wird sie frei von verblendender Enge und für eine den Menschen bekömmliche Zukunft.

Dabei ist an die mentale Befreiung der Individuen in der Wissenschaft, in Forschung und Lehre gedacht. Ich schrieb aber zu Beginn von sozialen und mentalen Faktoren, die zu faktischer Unfreiheit von Wissenschaft

---

[13] Volker Gerhardt, Gott und Grund. Vortragsmanuskript (2002), S. 10 ff.

führen. Selbst wenn Religion mentale Barrieren der Individuen überwinden kann, bleibt doch die Frage, ob der Glaube auch die Berge sozialer und ökonomischer Zwänge versetzen kann. Müssten nicht auch institutionelle Vorkehrungen eine mentale Befreiung unterstützen?

Hierüber wären weitere Überlegungen vonnöten. So viel aber sei angedeutet: Öffentliche wie private Finanzierung von Hochschulen und Wissenschaft müssten sich deutlicher abkoppeln von der derzeitig bestimmenden Förderbedingung rascher wirtschaftlicher Rentabilität. Hierzu sollte auch eine Novellierung des Stiftungsrechts privates Mäzenatentum begünstigen. Bildung, die in der geistigen Konfrontation mit historischen und kulturübergreifenden Erfahrungen Urteilsfähigkeit stärkt, und disziplinüberschreitende Kommunikation müssten in den Hochschulen stärker institutionalisiert und als Prüfungsleistungen anerkannt werden. Die Kirchen und Religionsgemeinschaften müssten sich hochqualifiziert einlassen auf den Dialog mit der Wissenschaft auf ihrem jeweils neuesten Stand, um ihre Gesichtspunkte sachgerecht einbringen zu können. Ein weites Feld der Widerstände tut sich hier auf. Sie als Herausforderung anzunehmen und nicht zu resignieren – auch dazu braucht Wissenschaft Religion. Sie würde zu den *cooperatores veritatis* zählen – ein Schelm, wer Böses dabei denkt.

ADEL THEODOR
KHOURY

# Ist Gott ein absoluter, ungebundener Wille?
## Bemerkungen zum islamischen Voluntarismus

In seiner Vorlesung „Glaube, Vernunft und Universität" in Regensburg am 12. September 2006 hat Papst Benedikt XVI. zwei Themen aus der islamischen Theologie angesprochen:

- Religion und Gewalt: Ob es sich mit einem richtigen Gottesbild verträgt, zu befehlen, Gewalt im Dienste des Glaubens und der Religion anzuwenden;
- Religion und Vernunft: hier vor allem die Frage nach dem voluntaristischen Gottesbild, das Gott als absoluten, freien, ungebundenen Willen ansieht (Voluntarismus).

Selbstverständlich gibt es im Islam Frieden und große Friedenspotentiale. Zum Thema Gewalt und Frieden im Islam gibt es genügend Literatur, auch von mir.[1] So wende ich mich dem zweiten, theoretischen Thema der theologischen Reflexion zu. Zum Thema Religion und Vernunft ist Folgendes anzumerken: Selbstverständlich

---

[1] Siehe u. a. A. Th. Khoury, Toleranz im Islam, München–Mainz 1980, 2. Auflage: Altenberge 1986; ders., Islam: Frieden oder „heiliger Krieg"?, in: Frieden – was ist das?, hrsg. von A. Th. Khoury / P. Hünermann (Herderbücherei 1144), Freiburg 1984, S. 51–75; ders., Was sagt der Koran zum Heiligen Krieg? (GTB 789), Gütersloh 1991; ders., Mit Muslimen in Frieden leben. Friedenspotentiale des Islam, Würzburg 2002; ders., Krieg und Gewalt im Islam, in: Krieg und Gewalt in den Weltreligionen. Fakten und Hintergründe, hrsg. von A. Th. Khoury, Freiburg 2003, S. 45–65.

wird im Islam die Bedeutung der Vernunft und der logischen Argumentation betont, und zwar im Koran, in der Tradition des Propheten Muhammad, bei den Theologen und den Philosophen des Islams. Hier sei ein kurzer Überblick über die zwei wichtigsten theologischen Schulen gegeben.

- Die Schule der *Mu'taziliten* (9. Jahrhundert) geht davon aus, dass der Mensch ein von Gott mit Vernunft begabtes Wesen ist und daher die Pflicht hat, diese Vernunft auch im Bereich der Religion zu benutzen. Diese Pflicht wird umso notwendiger, je dringender die Aufgabe wird, mit den Gegnern des Islams über Inhalte der Offenbarung zu diskutieren. Die Mu'taziliten empfehlen, den Zweifel und nicht die falsche Gewissheit als Beginn der Suche nach der Wahrheit zu nehmen. „Fünf Zweifel sind besser als eine Gewissheit", betonen sie. Die religiöse Tradition und der Glaube des Volkes müssen der Kontrolle der Vernunft unterzogen werden, damit eventuelle Widersprüche beseitigt werden. – Anhänger hat diese Schule unter vielen Denkern des heutigen Islams.
- Der große Theologe *al-Ash'ari* (873–935), Gründer der Schule der *Ash'ariten,* wandte sich gegen den uneingeschränkten Gebrauch der Vernunft und damit gegen einen Vernunftglauben sowie gegen den

blinden Traditionsglauben. Er befürwortet einen gemäßigten, begründeten und durch vernünftige Beweisführung bekräftigten Traditionalismus. Die Lehrsätze des Glaubens müssen auf jeden Fall, so al-Ash'ari, auf dem Text des Korans und den Angaben der Überlieferung basieren. Man muss aber die Tradition der Kontrolle der Vernunft unterziehen, um der Beliebigkeit und der Widersprüchlichkeit Einhalt zu gebieten und die echte Tradition von den falschen Erfindungen zu unterscheiden. Im Glaubensstreit mit den Andersgläubigen und den anderen theologischen Richtungen gilt es aber, die Gegner mit vernünftigen Gegengründen zu überzeugen und die eigene Argumentation logisch einwandfrei aufzubauen. Dieser „vernünftige Traditionalismus" der Ash'ariten wurde jahrhundertelang, bis in unsere Zeit hinein, die vorherrschende Vertreterin der islamischen Orthodoxie.

Aber dies alles ist nicht das Thema, mit dem sich der Papst auseinandersetzt. Es geht um das Gottesbild, d. h. um die Frage, ob ein streng voluntaristisches Gottesbild dem Wesen Gottes wirklich entspricht. Dazu seien hier einige Erläuterungen aus den theologischen Positionen von al-Ash'ari und seiner Schule angeführt.

*Themen der theologischen Fragestellung*
Wonach die Theologie im Islam in Bezug auf Gott vor allem fragt, ist nicht sein Wesen, sondern sein Wille. Was sie durch die Offenbarung weiß und immer wieder festzustellen sucht, ist sein Wirken. Das Betätigungsfeld der Offenbarung ist vor allem das Tun der Menschen, die Lebenspraxis.

Denn der Gott der Theologie und des Korans ist nicht das *Notwendige Sein* der Philosophen, sondern der Lebendige, der gegenwärtige Gott, der Gott des Heils und des geraden Weges. Seine Offenbarung will nicht in erster Linie eine rationale Erklärung des Seins, der Welt und ihrer Zusammenhänge anbieten, sondern die Heilswahrheit deutlich machen, die Wahrheit, die zum Heil führt, die vor allem den Maßstab für das richtige Urteil und die Norm für das richtige Handeln liefert. So bemüht sich die Theologie im Anschluss an den Koran weniger darum, das Wesen Gottes zu erforschen, als die Verfügungen seines Willens festzustellen. Denn Gott ist in seinem Wesen der absolut Transzendente, zu dem kein Zugang besteht. So legt die Tradition dem Propheten Muhammad Sprüche wie die folgenden in den Mund: „Denkt an Gottes Gaben, nicht an seine Natur, denn dazu habt ihr die Fähigkeit nicht.“ – „Wie das Auge, das in die Sonne schaut, durch Finsternis an der Beobachtung gehindert wird, so der Verstand beim

Versuch, in die Natur Gottes einzudringen." Gott ist ja der Transzendente, dem nichts auf der Welt ähnlich, gleich, gleichrangig ist (vgl. Koran 42,11; 112,4). Und die Eigenschaften, die die koranische Offenbarung ihm zuschreibt, betreffen meist sogenannte Relationsattribute, d. h. Attribute, die sich auf die Welt oder den Menschen beziehen und deswegen zunächst einmal das Wirken seines Willens bezeichnen. So steht im Mittelpunkt der islamischen Theologie das Wirken Gottes, das Tun seines uneingeschränkten Willens, und als Antwort darauf das Leben des Menschen im Angesicht Gottes, in der Hingabe an seinen souveränen Willen, in der Unterwerfung unter seine Verordnungen, das Leben auf dem Weg Gottes, nach den Anweisungen des Korans, in Übereinstimmung also mit dem göttlichen Willen und im Einsatz für seine Sache.

Das alles lässt sich leicht am Beispiel des genannten al-Ash'ari belegen. Er entwickelt seine Gotteslehre aus dem Koran selbst.

1. Der Gottesbeweis bei al-Ash'ari gründet auf der koranischen Vorstellung von der Zeugung und den Entwicklungsstadien des menschlichen Embryos (vgl. u. a. Koran 56,59–60). Daraus schließt er, dass ein Schöpfer da sein muss, der nach seinem freien Willen, und nicht unweigerlich nach jedem Geschlechtsverkehr zwischen

Mann und Frau, den Menschen im Schoße seiner Mutter bildet und gestaltet. So ist Gott der Schöpfer des Alls, der Welt und des Menschen. Das sagt der Koran in vielen Versen (vgl. u. a. 23,84–90; 2,117; 40,64 usw.).

Die islamischen Theologen nach al-Ash'ari verwerfen im Namen dieser koranischen Lehre die philosophische Theorie der Emanation. Denn sie zerstört die Freiheit des Schöpfers, indem sie die Emanation als einen notwendigen Vorgang darstellt. Im Übrigen widerspricht sie der absoluten Transzendenz Gottes.

2. Was nun die Eigenschaften Gottes betrifft, so stellt al-Ash'ari im Anschluss an den Koran folgende Punkte fest:

- Gott ist der Transzendente, nichts ist ihm ähnlich (vgl. Koran 42,11; 112,4).
- Gott ist einer, er ist der einzige Gott. Dies nicht aufgrund der Seinstotalität des einen Notwendigen Wesens, sondern wegen des sonst unvermeidlichen Widerstreits der Willen zwischen Gott und seinen Mitgöttern.
- Gott ist allwissend.
- Er ist lebendig und allmächtig.
- Gott ist schließlich „wollend“.

Der Wille ist die zentrale Eigenschaft Gottes. Al-Ash'ari erläutert seine Meinung diesbezüglich ausführlich. Wenn Gott nicht in erster Linie Wille wäre, dann würde die Relevanz der Offenbarung für die Lebenspraxis der Menschen verschwinden und das Eingreifen Gottes ins Leben der Menschen ausfallen, was eigentlich die Aushöhlung der Theologie mit sich brächte und die Vernichtung der Religion zur Folge hätte. Denn dort, wo die Aussagen einer Religion bzw. die Wirkung Gottes ihre Bedeutung für das Leben verlieren, hat die Religion keinen Sinn mehr und hat die Gottesvorstellung ihre Bindung ans Leben verloren.

Für al-Ash'ari ist Gott der ewige Wille, der von Ewigkeit her unbedingte, unbeschränkte Wille. „Er tut mit Entschiedenheit, was Er will" (Koran 85,16; 11,107). Al-Ash'ari schreibt weiter: „Desgleichen, es ist nicht möglich, dass im Reich Gottes etwas existiert, was er nicht will. Denn wenn in seinem Reich etwas existierte, was er nicht will, dann wäre das entweder die Folge einer Unachtsamkeit oder einer Schwäche und des Unvermögens, das zu erreichen, was er will. Da aber beides bei Gott nicht vorkommt, ist es unmöglich, dass in seinem Reich etwas existiert, was er nicht will."[2] Gott tut also, was er will, und was er nicht will, das geschieht nicht.

---

2 Al-Luma', hrsg. von R. McCarthy, Beirut (Libanon) 1953, S. 24.

Umgekehrt geschieht nichts ohne seinen Willen und sein Wissen.

3. Wenn Gott in erster Linie nicht das *Notwendige Sein,* sondern der unbedingte Wille ist, so scheint die Frage nach der Brücke zu seiner Transzendenz leichter zu beantworten zu sein. Es bedarf keiner Emanation, welche das Wesen Gottes als Denken feststellt; die Offenbarung Gottes als Wille zeigt sich in den Verfügungen des Korans. Die Konsequenzen dieser Gottesvorstellung sind weitreichend und haben in der islamischen Theologie zu folgenden Konzeptionen geführt.

- Gott als unbedingter Wille ist der absolut freie Herr über das Leben in seiner Gesamtheit. Das bedeutet im Einzelnen, dass Gott der Herr der Wahrheit ist, der souveräne Herr, dessen Wille die Normen des Wahren festsetzt. Die Merkmale und auch die Ausdrucksformen der Wahrheit sind im Grunde nur Zusammenhänge, die von Gott in voller Verfügungsfreiheit gesetzt werden. Was die Dinge sind, wie sie wahrgenommen werden und wie sie aufeinander wirken, auch die sogenannten Naturgesetze, dies alles sind letztlich nur Gewohnheiten des göttlichen Wirkens, die Gott jeden Augenblick neu festsetzt. Somit verlieren die metaphysischen und logischen Grundsätze der menschlichen Vernunft ihre universale Gültigkeit. Sie gelten nur, insofern feststellbar ist, dass Gott wieder einmal in diesem Augenblick in seinem freien Willen so wirkt, wie er es vorher getan hat.

- Dieser Atomismus in der islamischen Theologie erstreckt sich auf alle Bereiche des Seins und des Daseins, umfasst alle Ebenen der Welt und des menschlichen Lebens. Er ist die Konsequenz der Bejahung der alleinigen Wirksamkeit Gottes und der Verneinung jeder Kausalität außerhalb seines göttlichen Tuns. Spätere Theologen wie *al-Ghazzali* (1058–1111) und *Razi* (1149–1209/10) führen eine Linderung dieses starren Voluntarismus und des daraus gefolgerten Atomismus herbei, indem sie doch einen rational notwendigen Zusammenhang zwischen der Wahrnehmung, der Argumentation und der Erkenntnis setzen, so dass eine konstante Struktur der Dinge, wohl dank der Festsetzung des göttlichen Willens, erkennbar wird. Aber dieser göttliche Voluntarismus und der entsprechende Atomismus konnten im Hinblick auf den Menschen und dessen Willen nicht überwunden werden. Alles, was in der Welt gewirkt wird, ist durch den Willen Gottes direkt verursacht. Und wenn dem Menschen irgendwie eine gewisse Freiheit zukommen soll, dann nicht auf der Ebene der Kausalität, sondern nur auf der der moralischen

Verantwortung, genauer auf der Ebene der moralischen Übernahme, der Aneignung der im Menschen von Gott gewirkten Taten.

- Gott ist nicht nur der souveräne Herr der Wahrheit und der alleinige Urheber jeder Wirkung, er ist zudem der Herr des Heils. Sein Wille bestimmt das Schicksal, den Lebenslauf und die Endbestimmung des Menschen. Heil und Verdammnis sind freie Entscheidungen seines souveränen Willens.
- Gott ist auch der absolute Herr des Guten. Sein unbedingter Wille setzt in freier Entscheidung fest, was als gut und was als böse zu gelten hat. Gut und Böse sind keine objektiven Qualitäten einer Tat und sind nicht an objektiven Normen erkennbar. Sie sind eine positive Festsetzung des göttlichen Willens. Die Verfügungen Gottes sind die alleinigen Normen von Gut und Böse (so die Schule der Ash'ariten).[3]
- Gott ist dennoch kein willkürlicher Despot. Er ist vor allem der Herr des Lebens, nicht nur in dem Sinne, dass er leben lässt und sterben lässt, sondern dass er sich den Menschen zuwendet und ihr Leben

---

3 Auch der *Zahirit* Ibn Hazm aus Cordoba (gest. 1064) „geht so weit zu erklären, dass Gott nicht durch sein eigenes Wort gehalten sei und dass nichts ihn dazu verpflichte, uns die Wahrheit zu offenbaren. Wenn er es wollte, müsse der Mensch auch Götzendienst treiben" (Roger Arnaldez, Grammaire et théologie chez Ibn Hazm de Cordoue, Paris 1956, S. 13 und 294–303).

mit Barmherzigkeit und Wohlwollen begleitet. Das ist das Korrektiv für die unbeschränkte, nicht hinterfragbare Souveränität Gottes. Der Wille Gottes ist zwar absolut frei, aber, so bezeugt seine eigene Offenbarung, die Entscheidungen seines Willens sind für die Menschen Gnade und Barmherzigkeit.

*Konsequenzen*

Aus dem Gesagten ergeben sich für die islamische Theologie verschiedene Konsequenzen. Es sollen hier vor allem drei Punkte erörtert werden, die sich auf die Rolle der Vernunft, die Regeln der theologischen Sprache und die Funktion der Offenbarung beziehen.

1. Rolle der Vernunft

Seit den Anfängen des Islams besteht für die Theologie auf jeden Fall ein Primat des Moralischen vor dem Intellektuellen, der Praxis vor der Theorie. Für die muslimischen Philosophen hat die menschliche Vernunft von ihrem eigenen Wesen her die interne Pflicht und auch die Möglichkeit und die Kraft, zur Gotteserkenntnis zu gelangen. Die muslimischen Theologen behaupten in ihrer Mehrheit (mit Ausnahme der Muʿtaziliten), dass diese Pflicht der Suche nach der Wahrheit und der Gotteserkenntnis für die menschliche Vernunft die Folge einer Offenbarungsverfügung ist. Hätte der Koran dem

Menschen diese Pflicht nicht vorgeschrieben, würde seine Vernunft zur Gotteserkenntnis nicht gelangen (so die Schule der Ash'ariten). Auch die Kraft, zur Erkenntnis zu gelangen, ist die Folge einer göttlichen Verordnung, und die Möglichkeit, diese Kraft zu ihrem Erkenntnisziel zu führen, beruht auf dem Inhalt der Offenbarung; ihre Grenzen im religiösen Bereich fallen somit mit denen des Offenbarungsinhalts zusammen.

Damit wird die Selbständigkeit der menschlichen Vernunft verneint. Denn die islamische Theologie erkennt nur solche Gotteserkenntnis und solche Aussagen über Gott an, die, wie al-Ash'ari verlangt, auf einer Koranstelle gründen. Aber auch ganz allgemein hält die islamische Theologie in der klassischen Zeit an einem dezisionistischen Begriff der Wahrheit und folglich auch der Erkenntnis fest. Denn wenn Gott der souveräne Herr ist, der die Dinge in jedem Augenblick neu hervorbringt und ihre Zusammenhänge in einer diskontinuierlichen Zeit immer wieder neu festsetzt, dann besteht die Rolle der Vernunft darin, die Mitteilungen Gottes über sein Tun und seine Verordnungen und Dekrete aus den Quellen seiner Offenbarung herauszulesen.

Im Rahmen der islamischen Vorstellung von der absolut freien Positivität der Dekrete Gottes bleibt der Vernunft somit nur noch die Rolle der beschreibenden Feststellung, von der Offenbarung ausgehend. Ihre

Haltung muss die der passiven Rezeptivität sein. Ihre höchste Tätigkeit würde darin bestehen, eine interne Hermeneutik der vorgegebenen Koran-Offenbarung festzulegen und die Offenbarungsinhalte als Kriterium zur Kontrolle der Richtigkeit überlieferter Aussagen bzw. entwickelter Überlegungen heranzuziehen.

Die Philosophen im Islam konnten die Theorie der totalen Passivität der Vernunft nicht annehmen. Sie unterstreichen immer wieder die Selbständigkeit der Vernunft und ihre Fähigkeit, sichere Erkenntnis zu erlangen. Zwischen menschlicher Vernunft und göttlicher Offenbarung, so *Ibn Rushd* (Averroës, 1126–1189), könne kein Widerspruch bestehen, da beide Quellen und Instrumente der einen Wahrheit sind. Um bestimmte Unterschiede dennoch zu überbrücken, soll man die zwei Wege der Menschen als gleichermaßen berechtigt ansehen. Der Weg der Religion gründet auf der Offenbarung, der Weg der Philosophie auf der menschlichen Vernunft. Die Religion ist für die breite Masse der Menschen bestimmt, die Philosophie nur für die Elite, die fähig ist, durch den Gebrauch höherer Erkenntnisse zur Wahrheit zu gelangen. Im Übrigen bemüht sich die Philosophie auch, Themen aus der Offenbarung in ihre Überlegungen aufzunehmen. Sie behandelt jedoch diese Themen nach philosophischer Art. Und wo die Divergenzen nicht auszuräumen sind, versucht die Philosophie, die Offenbarungstexte umzudeuten. – Diese Exegese konnte in den Augen der Theologie dem Charakter und dem Zweck der göttlichen Offenbarung nicht gerecht werden. Denn sie zielt letzten Endes darauf ab, die Transzendenz Gottes der Kontrolle der menschlichen Vernunft zu unterziehen.

## 2. Theologische Sprache

Gerade aber diese Transzendenz Gottes legte den Theologen auf, im Umgang mit dem Koran den notwendigen Respekt zu zeigen und zur Auslegung der Offenbarung eine Sprache zu entwickeln, die ihrem Gegenstand und seinem besonderen Charakter entspricht.

Die strenggläubigen, traditionsgebundenen *Hanbaliten,* die die Lehre vom unerschaffenen Koran vertreten, vertreten zugleich die These, dass dieser Koran, eben wegen seiner eigenen Transzendenz, dem Menschen in seinen Aussagen über Gott unzugänglich bleibt. Der Gläubige kann nur seinen Wortlaut wiederholen, ohne zum Inhalt vordringen zu können. Den Schlüssel zur göttlichen Offenbarung liefert die für den Menschen verständliche Sprache des Propheten Muhammad und seiner ersten Gemeinde. Hadith und Sunna (Überlieferungen über die Aussprüche und den „Weg“ des Propheten Muhammad) sind der dem Menschen angepasste Zugang zum Willen Gottes, wie er sich im Koran ausdrückt.

Die *Mu'taziliten* gehen nicht so weit. Sie verlangen jedoch, das jedes Reden von Gott der göttlichen Transzendenz würdig sein und dass die theologische Sprache alles verbannen soll, was dieser Transzendenz in irgendeiner Weise Abbruch tun könnte. Am liebsten hätten es die Mu'taziliten, dass man sich damit begnügte, von Gott nur zu sagen: Er ist. Alles andere sei nur gefährliche, ketzereiverdächtige Sprache.

Dass Gott transzendent und dass nichts ihm gleich und ähnlich ist, wird vom Koran unterstrichen (42,11; 112,4). Das hat bei einigen islamischen Theologen nominalistische Tendenzen begünstigt. Jedes Reden von Gott sei nur ein logischer Zusammenhang menschlicher Wörter und Sätze, die jedoch die Wirklichkeit Gottes und die Realität der Welt nicht ausdrücken – so der Mu'tazilit al-Djubba'i (849–917).

*Al-Ash'ari* hat eine subtilere und auf Ausgleich bedachte Ansicht entwickelt, um die Transzendenz Gottes und dennoch die direkte Verständlichkeit und die Realitätsrelevanz der in menschlicher Sprache verfassten Offenbarung zu bestätigen. Die Sprache der Offenbarung ist die Grundlage und die Norm des theologischen Redens von Gott, betont er. Außerdem bezieht sich die menschliche Sprache der Offenbarung auf die Realität Gottes und bringt sie auch zum Ausdruck, und zwar in verständlichen Aussagen, da eine gewisse

Analogie zwischen Gott und der Welt besteht. Diese Analogie besagt jedoch nicht, dass der Mensch Gott ähnlich ist; sie besagt nur, das die Sprache der Offenbarung, die Gott eine bestimmte Eigenschaft zuschreibt, dem Menschen verständlich machen kann, worum es geht. In der Realität des göttlichen Seins besitzt Gott diese Eigenschaft in einer Weise, die aufgrund ihrer Ewigkeit und Unerschaffenheit ganz anders ist als die menschliche Seinsweise. Denn das Wichtigste in der ganzen Sache ist nicht die menschliche Sprache, die die göttlichen Eigenschaften ausdrücken, sondern eben die göttliche Wirklichkeit, die andeutungsweise zum Ausdruck kommen soll.

So ist das Reden von Gott eine Sprache, die wirklichkeitsbezogen ist und reelle Eigenschaften Gottes zum Ausdruck bringt, obwohl diese dann auch schwer definierbar sind.

Wenn dem so ist, so bedeutet das, gegen die extremen Hanbaliten, dass die Sprache der koranischen Offenbarung in einem bestimmten Sinn für die Menschen direkt verständlich ist und einen Zugang zu der für die Menschen letzten Endes schwer definierbaren göttlichen Realität und Seinssphäre eröffnet. Denn wenn Gott zu den Menschen spricht, so spricht er so, dass sie es verstehen können, und damit sie es verstehen. Verstehen kann man die koranische Offenbarungssprache durch die Anwendung der Regeln der arabischen Sprache im Allgemeinen, wie es die Exegeten und die Theologen immer getan haben. Denn durch die Tatsache, dass Gott eine menschliche Sprache zur Verkündigung der koranischen Botschaft gebraucht hat, wird unweigerlich eine gewisse Entsprechung zwischen der göttlichen und der menschlichen Sprache bestätigt.

Eine ziemlich bedeutende Abweichung von dieser Theorie liegt vor bei dem großen Theologen der „modernen ash'aritischen Schule", dem schon erwähnten *al-Ghazzali*. Er schwächt die Entsprechung zwischen Sprache und Wirklichkeit im Reden von Gott derart, dass nur noch die interne Logik der Sprache als entscheidender Aspekt bleibt. Denn alles, was man über Gott aussagt, das sind im Endeffekt unpassende Begriffe, leere Worte, deren Zusammenhang nicht durch die Wirklichkeit, sondern durch die Logik der Sprache selbst bedingt ist.

Diese Meinung steht im Zusammenhang mit der Auffassung al-Ghazzalis von der Funktion der Offenbarung überhaupt.

### 3. Funktion der Offenbarung

Für al-Ghazzali ist die Offenbarung erste und letzte autoritative Quelle der Gotteserkenntnis. Sie ist die Norm der Beurteilung, der Maßstab der Richtigkeit jedes anderen Inhalts, die Grundlage der Rechtfertigung jeder Lehre.[4] Sie ist es umso mehr, als sie eigentlich keine Inhalte bringt, die den Bereich der menschlichen Vernunft grundsätzlich übersteigt. Sie gibt vor allem unfehlbar die Verfügungen seines Willens kund. Und was sie über die Attribute Gottes aussagt, ist schon dadurch, dass es offenbart ist, in seiner Richtigkeit bestätigt.

Was aber diese Attribute besagen, betrifft nicht die Realität des Wesens Gottes und gibt keine wirkliche Auskunft über seine Natur. Diese Attribute sollen den Gläubigen nicht zur reellen Erkenntnis des transzendenten, in seinem erhabenen Geheimnis verborgenen Gottes führen, sie sollen ihm die Pflicht des Gotteslobes ermöglichen und erleichtern. Durch das Aufsagen seiner Eigenschaften wird Gott in doppelter Weise verherrlicht. Zum einen wird der Mensch gewahr, wie vollkommen Gott ist, und so prägt sich das in sein Bewusstsein ein. Zum Zweiten stellt der Mensch fest, wie erhaben über alle diese Eigenschaften Gott in seiner absoluten Transzendenz und Andersartigkeit eigentlich bleibt.

Die Offenbarungssprache ist also nicht eine Art supra-empirischer Beschreibung Gottes und ein Weg zur wahren Erkenntnis, sie ist vor allem die Grundlage der

---

4 Vgl. dazu Fadlou Shehadi, Ghazzali's Unique Unknowable God, Leiden 1964.

Frömmigkeit und der religiösen Praxis. Sie erfüllt eine doppelte Funktion: Sie ermöglicht das Lob Gottes um seiner selbst willen, und sie ermöglicht das Lob Gottes um des Menschen willen. Denn dieses um des Menschen willen offenbarte Bild Gottes ermöglicht das religiöse Leben, das den Menschen an Gott bindet.

Jedes Reden von Gott vermittelt aufgrund der Analogie der Sprache der Offenbarung mit der menschlichen Sprache eine Idee von Gott. Diese enthält jedoch nicht eine Teilerkenntnis Gottes, sondern ermöglicht nur den Glauben und begründet die Frömmigkeit. Der Islam und die koranische Offenbarung sind für al-Ghazzali zunächst einmal ein Weg, ein Gesetz. Im Koran wird Gott nicht erschlossen durch kategoriale Erkenntnis, adäquate deskriptive Aussagen, informative Erläuterungen, sondern nur durch den Erlass seiner Willensdekrete und Verordnungen. Da aber dieser göttliche Wille als unbedingt, absolut frei in der Festsetzung seiner Gebote und Verbote bleibt, ist keine Schlussfolgerung über seine Natur zuverlässig und zulässig.

So wird der Islam in seinem Wesen bestätigt. Er ist in erster Linie nicht ein Zugang zur Gotteserkenntnis, sondern ein Weg für den Menschen, ein Weg der rechten Praxis. In seiner Mitte ist der Islam doch die Religion des göttlichen Voluntarismus und der Unterwerfung des Menschen unter den unbedingten Willen Gottes.

KARL
KARDINAL
LEHMANN

# Chancen und Grenzen des Dialogs zwischen den „abrahamitischen Religionen“

*I.*

Die sogenannte Säkularisierungsthese, wonach die Religion im Zuge der wirtschaftlichen und gesellschaftlichen Modernisierung einem zunehmenden und unaufhaltsamen Bedeutungsverlust im Raum der Öffentlichkeit ausgesetzt ist, gehörte über Jahrzehnte zum scheinbar gesicherten Repertoire der Sozialwissenschaften.[1] Inzwischen haben sich die Zeiten gründlich geändert. Die Säkularisierungsthese wird allenfalls noch mit erheblichen Einschränkungen und Differenzierungen vertreten. Zu offenkundig und mit Macht ist die Religion auf die globale Bühne zurückgekehrt, sofern sie diese denn überhaupt je wirklich verlassen hatte. Mit gewissen Einschränkungen gilt dies auch für die westliche Welt.

---

1 Der folgende Text war schon längere Zeit geplant für den St.-Michaels-Jahresempfang, den das Kommissariat der deutschen Bischöfe jährlich vor allem für die politisch Verantwortlichen und Tätigen in der Bundeshauptstadt Berlin gibt. Der Empfang fand am 19. September 2006 statt, eine Woche nach der Regensburger Vorlesung von Papst Benedikt XVI. (12. September 2006). Ich wollte das Thema des Vortrags, als die Diskussion – ziemlich spät – ausbrach, nicht grundlegend ändern, wusste aber, dass ich einer Stellungnahme zu dem gerade angehobenen Streit nicht ausweichen konnte und durfte. Deshalb habe ich einen Exkurs eingefügt (zuerst veröffentlicht in: Frankfurter Allgemeine Zeitung Nr. 219 vom 20. September 2006, S. 8; weitere Abdrucke und Übersetzungen). Diese Texte (Vortrag und Exkurs) wurden für diesen Abdruck nochmals durchgesehen und mit Anmerkungen versehen. Vgl. zum Exkurs: Anm. 13.

Erwartungen und Befürchtungen richten sich deshalb heute nicht mehr auf das Verschwinden einer öffentlich wirksamen Religion, sondern, wie z. B. bei Samuel Huntington,[2] auf einen „Kampf der Kulturen", wobei diese als wesentlich religiös bestimmt oder jedenfalls mitbestimmt wahrgenommen werden. Die Reaktionen auf die Regensburger Vorlesung von Papst Benedikt XVI. vom 12. September 2006 zeigen einmal mehr, wie sehr die Religionen den öffentlichen Diskurs zu mobilisieren vermögen.

Es ist vor diesem Hintergrund alles andere als verwunderlich, dass – vor allem seit dem 11. September 2001, dessen Bilder der Zerstörung tief in das Bewusstsein der heutigen Menschheit eingelassen sind – weitgesteckte Erwartungen mit einem Dialog der Religionen verbunden werden. Er soll die Spannungen entschärfen, die in der internationalen Staatengemeinschaft, in der Weltgesellschaft und in einzelnen Ländern herrschen, und zum gemeinsamen Zeugnis der Religionen für den Frieden führen. Hier klingen die Imperative an, die Hans Küng[3] seinem „Projekt Weltethos" zugrunde

---

[2] Vgl. dazu: K. Lehmann, Zuversicht aus dem Glauben. Die Grundsatzreferate des Vorsitzenden der Deutschen Bischofskonferenz mit den Predigten der Eröffnungsgottesdienste, Freiburg i. Br. 2006, S. 275; 283.

[3] Vgl. ebd., S. 428; 435.

gelegt hat: „Kein Zusammenleben auf unserem Globus ohne ein globales Ethos! – Kein Friede unter den Nationen ohne Frieden unter den Religionen! – Kein Friede unter den Religionen ohne Dialog der Religionen!"

*II.*

Während sich das „Projekt Weltethos" prinzipiell an alle Religionen wendet, richtet sich das weltweite öffentliche Interesse derzeit vor allem auf das christlich-muslimische Gespräch oder aber auf den Dialog der sogenannten abrahamitischen Religionen, also auf Judentum, Christentum und Islam, die sich allesamt auf den in der Bibel und im Koran bezeugten Urvater Abraham zurückbeziehen. Dies hat – wie unschwer zu erkennen ist – mit den Konfliktlagen zu tun, die in unseren Tagen den Nahen Osten und das Verhältnis zwischen Orient und Okzident bestimmen. So führen die islamistischen Kämpfer, die sich dem Heiligen Krieg gegen die Ungläubigen verschworen haben und letztlich die Errichtung eines totalitären Gottesstaates anstreben, ihren Krieg gegen „Zionisten" und „Kreuzfahrer" – d. h. gegen den jüdischen Staat Israel und den Westen, der aller Entkirchlichung und multireligiösen Durchmischung zum Trotz als „christlich" interpretiert wird. Die konfliktbehaftete Nähe zwischen den drei Religionen wird zudem besonders anschaulich im

Streit um den Status von Jerusalem, das Juden, Christen und Muslimen heilig ist. Auch die Integrationsprobleme mit muslimischen Migranten in Westeuropa, von denen sich manche Jüngere aus der zweiten und dritten Einwanderergeneration islamistischem Gedankengut verschreiben und einige wenige sogar auf den Weg der Gewalt abdriften, berühren nicht nur die christliche Mehrheitsbevölkerung, sondern auch die hier lebenden Juden. Dem Antisemitismus in den Randzonen der traditionell ansässigen Bevölkerung hat sich längst eine antizionistisch motivierte Judenfeindlichkeit zugesellt, die an manchen Stellen ideologisch mit dem klassischen Rechtsextremismus verschmilzt.

All dies macht den Ruf nach einem Dialog zwischen Islam, Christentum und Judentum – den „abrahamitischen Religionen"[4] – gut verständlich. Indes ist es wichtig, die Möglichkeiten eines solchen Dialogs sorgfältig auszuloten und dabei auch der Grenzen einsichtig zu werden. Falsche Erwartungen können den Dialog belasten, stören und sogar unfruchtbar machen. Enttäuschungen und Frustrationen werden damit geradezu programmiert.

---

[4] Vgl. das entsprechende Stichwort des Gesamtregisters in: Lexikon für Theologie und Kirche, 3. Auflage, Band XI, Freiburg i. Br. 2001, S. 153*.

Zunächst einmal ist festzuhalten, dass bislang weder von einem „Kampf der Kulturen“ noch gar von einem Kampf der Religionen die Rede sein kann. Der westliche „Kulturkreis“ (um hier einmal die Terminologie von S. Huntington aufzugreifen) wird von islamistischen Terroristen angegriffen, nicht von den muslimischen Staaten und auch nicht vom Islam als Religion. Vielmehr sind auch die muslimisch geprägten Länder Opfer der Gewalt, weil sie sich der Ideologie und den Machtansprüchen der Dschihadisten widersetzen. Die augenblickliche Krisensituation beruht also wesentlich auch auf einem innerislamischen Konflikt, der nicht einfach auf dem Wege eines interreligiösen Dialogs gelöst werden kann. – Ebenso wenig vermag das Gespräch der Religionen die fundamental *politische* Auseinandersetzung über Gebietsansprüche und die staatliche Existenz der Völker im Heiligen Land zu überwinden.[5] Der Kern des Konflikts im Nahen Osten ist nicht religiöser Natur.

Das heißt nun aber nicht, dass die Religionen im Ringen um die heute bedrängenden Friedensfragen einfach abseits stehen müssten oder auch nur dürften. Richtig ist vielmehr: Gerade indem die *Grenzen* des interreligiösen

---

[5] Vgl. K. Lehmann, Recht überwindet Rache. „Ewiger Krieg“ im Heiligen Land?, in: Rheinischer Merkur 57 (2002) Nr. 25, 20. Juni 2002, 3/25.

Gesprächs für die Klärung dieser Probleme sorgfältig bestimmt werden, treten die den Religionen gestellten Aufgaben umso deutlicher und präziser hervor.

Es zeigt sich dann: Zwar kann die Überwindung der dschihadistisch-islamistischen Ideologie letztlich nur innerhalb des Islam selbst erfolgen. Im Gespräch zwischen den Religionen können aber die Fehlwahrnehmungen der jeweils anderen Religion korrigiert werden. Damit wird verhindert, dass es kleinen extremistischen Gruppen schließlich doch gelingt, die Mehrheiten in den Religionsgemeinschaften gegeneinander aufzuhetzen. Im Dialog können darüber hinaus wechselseitig kritische Fragen gestellt werden, die die Selbstreflexion innerhalb der Religionen voranbringen. Damit verbunden müssen die Religionen vor allem auch daran arbeiten, die Verzweckung der Religionen für politische Ziele und zur Legitimation politischer Gewalt aufzudecken und ihr gemeinsam entgegenzutreten. Indem sie sich frei machen von politischer Instrumentalisierung, bewahren die Religionen ihr eigenes Wesen davor, von sekundären Interessen verdunkelt zu werden. Gerade so dienen sie auch dem Frieden.[6]

---

6 K. Lehmann, Ist unter den Religionen und Konfessionen eine Verständigung ohne Relativismus möglich? Impulsvortrag bei der gemeinsamen Tagung der Bundeszentrale für Politische Bildung, der Katholischen Akademie Berlin, von Misereor und Justitia et Pax am 14. März 2006 in Berlin, Redemanuskript.

*III.*

Grundsätzlich muss vor der etwas naiven, jedoch weitverbreiteten Vorstellung gewarnt werden, der interreligiöse Dialog sei eine Art Hilfsaggregat der Politik, das sich jederzeit zur Beruhigung internationaler und innergesellschaftlicher Konflikte anwerfen lasse. Die Begegnung zwischen den Religionen wird vielmehr nur dann auf lange Frist fruchtbar und damit auch friedensförderlich sein, wenn sie die Mitte der Religionen und die der Religion insgesamt eigenen Grundfragen berührt. Die vom Zweiten Vatikanischen Konzil am 28. Oktober 1965 verabschiedete „Erklärung über das Verhältnis der Kirche zu den nichtchristlichen Religionen" – nach ihren Anfangsworten meist „Nostra aetate" genannt – sieht das Verbindende der Religionen gerade darin, dass diese sich den gleichen Fragen nach den „ungelösten Rätseln" des Lebens stellen: „Was ist der Mensch? Was ist Sinn und Ziel unseres Lebens? Was ist das Gute, was die Sünde? Woher kommt das Leid, und welchen Sinn hat es? Was ist der Weg zum wahren Glück? Was ist der Tod, das Gericht und die Vergeltung nach dem Tode? Und schließlich: Was ist jenes letzte und unsagbare Geheimnis unserer Existenz, aus dem wir kommen und wohin wir gehen?" (Art. 1). Diese Fragen sind den Menschen zu allen Zeiten aufgegeben. Hier wird nicht nach diesem und jenem gefragt. Das Geheimnis menschlicher Existenz selbst spricht sich darin aus. Der Mensch ist sich selbst als Frage aufgegeben, ohne sich doch selbst Antwort geben zu können.[7]

Diese jedem Menschen aufleuchtenden Grundfragen können durchaus als philosophisch bezeichnet werden. In ihnen kommt die menschliche Vernunft in ihrer wahren Tiefe und Weite zum Ausdruck. Wenn aber die Vernünftigkeit des menschlichen Fragens nach sich selbst und nach dem Grund und Ziel aller Wirklichkeit anerkannt wird, dann stellt sich damit auch das Problem der Vernünftigkeit der Antworten, die die Religionen geben. Nach christlichem Glauben ist diese darin gegründet und verbürgt, dass der *Logos* – das schöpferische Wort, die Vernunft Gottes – die Schöpfung trägt und durchwaltet. Darauf hat Papst Benedikt XVI. in seiner vielbeachteten Vorlesung, die er am 12. September an seiner alten Wirkungsstätte in Regensburg gehalten hat, so nachdrücklich hingewiesen. Keineswegs ging es ihm darum, wie manche meinten, der Vernünftigkeit des christlichen Glaubens die fehlende Vernünftigkeit anderer Religionen – namentlich des Islam – entgegenzusetzen. Vielmehr ist hier darauf angesprochen, dass es auf Seiten aller Religionen der Reflexion auf die univer-

---

[7] K. Lehmann, Zuversicht aus dem Glauben, a. a. O., S. 317–335 (Lit.).

sale Verbindlichkeit der Vernunft bedarf, die somit auch die Religionen verbindet. Die Antworten auf die Frage nach der Vernunft und nach der Vernunft der Religion werden gewiss nicht einfach gleichlautend ausfallen können. Auch die Vernunft ist kein Abstraktum, sondern weist ihre spezifischen geschichtlichen Prägungen auf. Gerade so aber ist ein den Religionen gemeinsamer Spannungsraum gegeben, der Gemeinsames und Trennendes umfasst und die Möglichkeit eröffnet, sowohl die theologischen Fragen – vor allem die nach dem Gottesbild – als auch die ethischen Herausforderungen, denen sich die Religionen in unserer Zeit stellen müssen, im Dialog aufzugreifen. – Zum Verständnis der Vorlesung von Papst Benedikt XVI. vgl. den Exkurs am Ende des Textes.

*IV.*

Diese Überlegungen gelten letztlich für alle Religionen. Dennoch steht das Christentum zu den verschiedenen Religionen der Welt in unterschiedlicher Nähe, was für den Dialog nicht ohne Auswirkungen bleiben kann. Judentum, Christentum und Islam sind dabei in besonderer Weise aufeinander bezogen. Regional und historisch entstammen sie einem gemeinsamen Zusammenhang. Teilweise rekurrieren sie auf die gleichen religiösen Erfahrungen und Erzähltraditionen. Abraham wird von allen als Urvater des Glaubens verehrt. Das Christentum hat die jüdische Überlieferung als erstes Buch seiner Bibel übernommen. Der Islam greift auf die Tradition der Patriarchen und Propheten zurück und erkennt auch Jesus als Propheten an. Alle drei Religionen bekennen sich zum Glauben an Einen Gott, der die Welt erschaffen hat und den Menschen als sich erbarmender Retter, aber auch als Richter gegenübertritt.

Trotz dieser Gemeinsamkeiten der drei Religionen ist und bleibt das Christentum dem Judentum jedoch in einer grundlegend anderen Weise verbunden als dem Islam. Schon Paulus wusste, dass Christen, wenn sie die Treue Gottes zu seinem auserwählten Volk Israel bestreiten, die Grundlage ihres eigenen Glaubens zerstören (vgl. Röm 11). Die Kirche ist durch ein untrennbares Band mit dem Judentum verbunden. Sie wurzelt konstitutiv im Judentum. Die Herkunft Jesu aus dem Judentum ist nicht zufällig, sondern bestimmt seine – und damit auf bestimmte Weise auch der Christen – Identität. Jesu Gott ist der Gott Abrahams, Isaaks und Jakobs – der Gott des auserwählten Volkes. Kein anderer ist der Gott der Christen. Die katholische Kirche ist heute überzeugt, dass der Bund Gottes mit dem Volk Israel durch den in Christus begründeten „neuen Bund" nicht aufgehoben ist. Dies hat auch Auswirkungen auf die Frage der sogenannten „Judenmission". So überrascht es auch nicht, dass Papst Johannes Paul II., der unendlich viel für ein neues Verhältnis der Kirche zum Judentum getan hat und dabei mit großer Eindringlichkeit auch von den Verbrechen gesprochen hat, deren sich Christen im Laufe der Zeiten an Juden schuldig gemacht haben, diese als die „älteren Brüder“ der Christen bezeichnen konnte.

Ein solches Verwandtschaftsverhältnis besteht zwischen Christentum und Islam nicht. Zwar gibt es eine Nähe zwischen beiden Religionen (vgl. „Nostra aetate“, Art. 3), die schon daraus resultiert, dass Mohammed seine Lehre in Auseinandersetzung mit der Kirche formulierte und dabei den Anspruch erhob, die Verkündigung Jesu von Verfälschungen der Christen zu reinigen. Die Beziehung zum Islam kann aber für die Kirche niemals eine konstitutive, theologisch im eigentlichen Sinne grundlegende Bedeutung erlangen. Das ist der entscheidende Unterschied.

*V.*

Allen drei Religionen gemeinsam ist die Verehrung des Abraham (in der muslimischen Tradition Ibrahim genannt). Religionsgeschichtlich markiert er die Entstehung des Monotheismus, des Glaubens an den Einen und einzigen Gott. Sowohl die Bibel als auch der Koran berichten, wie sich Abraham mit den „Götzen“, den vielen Göttern, die in seiner Familie und Umgebung verehrt wurden, auseinandersetzte. Für die Überlieferung wesentlich wurde die unbedingte Bereitschaft Abrahams, sich dem Wort des ihn ansprechenden Einen Gottes bedingungslos anzuvertrauen und zu unterwerfen. Einen besonders dramatischen Ausdruck findet dies darin, dass er dem Auftrag Gottes folgend sogar seinen Sohn Isaak (in der muslimischen Tradition möglicherweise Ismael, den Stammvater der Araber) zu opfern bereit ist – eine vielschichtige Erzählung, die auch vom Ende des Menschenopfers in den monotheistischen Religionen handelt. Gerade als „Vater des Glaubens", an dem ansichtig wird, was Glauben bedeutet, gehört Abraham so zum Gemeinsamen der jüdisch-christlichen und der muslimischen Tradition. Papst Johannes Paul II. hat dies 1985 in einer Rede vor jungen Muslimen in Casablanca in die Worte gefasst: „Abraham ist für uns ein Modell des Glaubens an Gott, der Hingabe an seinen Willen und des Vertrauens in seine Güte."[8]

Für das Gespräch von Juden, Christen und Muslimen ist Abraham aber nicht nur von Belang, weil die Religionen an ihm ihre Gemeinsamkeit entdecken. An der theologischen Deutung des Abraham werden viel-

---

[8] F. Gioia (Hrsg.), Dialogo interreligioso (Dokumente der Kirche 1963–2005), Vatikan 2006, 394 (Nr. 465).

mehr auch Unterschiede der Religionen deutlich, die im Dialog aufgegriffen werden sollten, um ein gemeinsames Verstehen und Lernen zu ermöglichen. In der jüdischen Deutung des Abraham tritt der Gedanke der Wanderung und der Verheißung in den Vordergrund. So heißt es im Buch Genesis (12,1–5), „Der Herr sprach zu Abraham: ‚Zieh weg aus deinem Land, von deiner Verwandtschaft und aus deinem Vaterhaus in das Land, das ich dir zeigen werde. Ich werde dich zu einem großen Volk machen, dich segnen und deinen Namen groß machen. Ein Segen sollst du sein … Durch dich sollen alle Geschlechter der Erde Segen erlangen'“. Die Religion, das Gottesverhältnis der Menschen, ist damit auf sich verändernde Räume und Zeiten, auf eine Geschichte hin geöffnet. Abraham ist zur Wanderschaft, zur Bewegung gerufen. Auf seinem Weg in eine ihm eröffnete und offene Zukunft will Gott ihm nahe sein.

Anders im Islam. Dort ist die wahre Religion schon Adam, dem ersten Menschen, von Gott vollständig offenbart. Etwas inhaltlich Neues, eine neue Gestalt oder gar eine neue Qualität der Begegnung Gottes mit den Menschen ist damit von vornherein ausgeschlossen. Geschichte bedeutet von daher nicht das Beschreiten neuer Horizonte im Vertrauen auf Gott, der diese Wege begleitet. Sie ist vielmehr charakterisiert durch immer wiederkehrenden Abfall vom monotheistischen Glauben und durch den wiederholten Ruf Gottes, zum Urpakt zurückzukehren. In eben diesem Sinne werden Gestalt und Funktion des Abraham im Koran gedeutet.

Auch zwischen Juden und Christen gibt es Unterschiede in der theologischen Interpretation und heilsgeschichtlichen Einordnung der Gestalt Abrahams. Entscheidend ist, dass aus der Sicht des Neuen Testaments das auf Abraham genealogisch zurückgehende Volk Israel mit dem Christusereignis aufgehört hat, der exklusive Träger der göttlichen Offenbarung zu sein. Das ist gemeint, wenn Johannes der Täufer im Matthäus-Evangelium (3,9) die Phärisäer mahnt: „Meint nicht, ihr könnt sagen, wir haben ja Abraham zum Vater. Denn ich sage euch: Gott kann aus diesen Steinen Kinder Abrahams machen“. Die Segensverheißung an die Völkerwelt, die mit dem Namen Abrahams verknüpft ist, geht mit der Ablehnung Jesu durch die Mehrzahl der Juden auf die Kirche aus allen Völkern und Sprachen über, wenngleich dadurch der Bund mit Israel nicht aufgehoben wird.

In der Frage des Geschichtsverständnisses sind sich Juden und Christen hingegen nahe, während Christen und Muslime hier über strukturell unterschiedliche Grundmodelle verfügen. Dies ist alles andere als ein akademisches Thema. Man darf nämlich mindestens vermuten, dass die muslimische Deutung von Geschichte eine produktive Auseinandersetzung des Islam mit der modernen Welt und die Herausbildung einer tragfähigen Synthese zwischen der Moderne und den traditionellen Orientierungen in den islamisch bestimmten Ländern jedenfalls erschwert. In diesen Zusammenhang gehören auch das Verständnis des Korans als geschichtlicher Deutung unzugängliches Wort Gottes und die Vorstellung von der unabänderlich wörtlichen Geltung des muslimischen Gesetzes, der Scharia.

Ein Dialog zwischen Christen, Juden und Muslimen muss solche grundsätzlichen Fragen aufgreifen. Noch einmal zeigt sich hier, dass gerade der offizielle, amtliche Dialog zwischen den Religionsgemeinschaften sein eigentliches Thema und Ziel verfehlen würde, wenn er sich von bloßer Aktualität leiten ließe. Der interreligiöse Dialog muss seine eigene Agenda und seinen eigenen Rhythmus entwickeln. Er muss als ernsthaftes und in die Tiefe gehendes Gespräch von Glaubenden entwickelt werden – und eben nicht als routinierte Begegnung von Glaubensmanagern, die dem Interessenkalkül der eigenen Gemeinschaft entsprechen und vor dem Forum der Öffentlichkeit punkten wollen. Ein solches bloßes Schauspiel des Dialogs bliebe leer und fruchtlos. Es diente schließlich niemandem.[9]

---

[9] Vgl. zum Dialog: K. Lehmann, Zuversicht aus dem Glauben, a. a. O., S. 205–219.

*VI.*

Nur ein interreligiöses Gespräch, das sich offen den Grundfragen der Religion stellt, wird auch in der Lage sein, die besonders schwierigen und prekären Probleme aufzugreifen.

Hier ist zunächst die Frage nach der Gewalt zu nennen. Damit kommen wir auch wieder auf die schwierige Aussage von Kaiser Manuel II. in der siebten Gesprächsrunde mit dem Perser, wo es um die Ausbreitung des Glaubens durch das Schwert geht. Alle großen Religionen kennen die Versuchung, Gewalt im Namen des Glaubens zu üben oder zu rechtfertigen. Alle sind in der Geschichte dieser Versuchung auch erlegen. Nicht nur im Gespräch mit Muslimen, sondern auch in der kritischen Selbstbefragung, die ein konstitutiver Bestandteil jeden religiösen Lebens ist, werden Kirche und Christen deshalb immer auch die Gewalttendenzen in der eigenen Geschichte offenlegen und anerkennen. Das Schuldbekenntnis der katholischen Kirche, das Papst Johannes Paul II. im Jahr 2000 abgegeben hat, spricht hier eine klare und unmissverständliche Sprache.[10] Dies vorausgesetzt und ohne falsche Anklagen, Besserwisserei und Dünkel, müssen wir unsere muslimischen Gesprächspartner

[10] Das Schuldbekenntnis ist dokumentiert auf den Internetseiten des Vatikans: http://www.vatican.va/news_services/liturgy/documents/ns_lit_doc_20000312_prayer-day-pardon_ge.html.

dann aber auch damit konfrontieren, dass in der heutigen Weltsituation vorgeblich religiös motivierte und religiös legitimierte Gewalt ein Phänomen darstellt, das sich vorwiegend – wenngleich nicht ausschließlich – am Islam festmacht. Natürlich lassen sich viele Gründe für die Unruhe benennen, die die Länder des sogenannten „Größeren Mittleren Ostens" (vom Maghreb bis nach Pakistan und Indonesien) ergriffen hat – eine Unruhe, die manche Gewalteruption begünstigt. Aber diese Gewaltträchtigkeit der Verhältnisse erklärt aus sich heraus ja nicht, warum Gewaltanwendung vielfach *religiös* begründet wird und dies auch Widerhall in Teilen der muslimischen Gesellschaften findet. Dies festzustellen, bedeutet nicht, mehr als eine Milliarde Muslime unter den Generalverdacht zu stellen, mit den Dschihadisten zu sympathisieren und Gewalt als Mittel der Auseinandersetzung mit den „Ungläubigen" und zur Ausbreitung des Islam zu akzeptieren. Niemand, der in der Kirche Verantwortung trägt, macht sich eine solche Unterstellung zu eigen. Aber es muss gleichwohl gefragt werden, inwieweit in der heutigen Gewaltproblematik der muslimischen Religion[11] die theologische Tradition des kämpfenden und herr-

---

[11] Vgl. dazu A. Heinrich, Denkmuster zur Eindämmung und zur Legitimation von Gewalt im Christentum und im Islam. Ein Literatureinblick, hrsg. von der Deutschen Kommission Justitia et Pax (= Schriftenreihe Gerechtigkeit und Frieden, Nr. 109), Bonn 2006.

schenden Islam, die mit einer gewissen Ungebrochenheit die Zeiten überdauert zu haben scheint, eine Rolle spielt. Und inwieweit erschwert – auch dies muss man fragen – die Grundgeschichte des Islam, die den Propheten Mohammed nicht nur als Religionsstifter, sondern auch als Feldherrn und Herrscher zeigt, bis heute eine Entfaltung gewaltkritischer Tendenzen des Islam?

*VII.*

Der zweite schwierige Themenkomplex, der dem interreligiösen Dialog aufgegeben ist, betrifft die Religionsfreiheit und die Verfasstheit des modernen Staates. Beides gehört eng, ja unauflöslich zusammen. Die Freiheit der Religion – und zwar als positive und als negative Religionsfreiheit: als Freiheit, zu glauben, und als Freiheit, nicht zu glauben – nämlich begründet nicht nur einen autonomen, von Vorgaben des Staates freien Raum des Individuums und der Religionsgemeinschaften, sondern damit zugleich auch ein Verständnis des Staates, das nicht von einer bestimmten Religion definiert ist.

Natürlich sind die hier angesprochenen Zusammenhänge weitaus komplizierter. Religionen prägen Kulturen, und Kulturen bestimmen die konkrete Gestalt von Gesellschaften und Staaten. Auch ist die Autonomie von Religionen und Staat nicht notwendigerweise eine wechselseitig gleichgültige oder gar feindselige. Es gibt eine Vielzahl kooperativer Formen, in denen das Verhältnis von Staat und Religionen auf ein gedeihliches Zusammenwirken im Interesse der Menschen ausgerichtet ist. Deutschland bietet dafür ein gutes Beispiel. Die Autonomie der Religion gegenüber dem Staat – und dies bedeutet auch: die Freiheit *aller* religiösen Bekenntnisse – wie des Staates gegenüber der Religion bleibt jedoch, all dessen ungeachtet, die Grundachse jeder modernen Gesellschaft. Es bedarf keiner ins Detail gehenden Analyse, um festzustellen, dass sich die islamische Welt insgesamt mit diesem Begriff der Freiheit und damit auch mit dem gesamten Konzept der Menschenrechte außerordentlich schwertut, wenngleich sich die Verhältnisse in den einzelnen muslimisch geprägten Staaten durchaus sehr unterschiedlich darstellen. Auch dies muss Thema des interreligiösen Dialogs sein.

Wiederum geht es dabei nicht darum, christliche (oder gar westliche) Überlegenheit vorzuführen. Stattdessen sollte die schwierige Geschichte, die das europäische Christentum mit der neuzeitlichen Idee der Freiheit verbindet, offen auch im Gespräch mit den Muslimen dargestellt werden. Manches Argument, das heutige Muslime gegen die modernen Freiheitsrechte ins Feld führen, ist uns auch aus der Geschichte des Christentums (und zumal auch aus der katholischen

Kirche) bis weit ins 19. Jahrhundert hinein geläufig: die Sorge vor um sich greifender Dekadenz, einem rein individualistischen Gebrauch der Freiheit oder auch vor einem massenhaften Abfall vom Glauben.

Dennoch muss man auch hier tiefer bohren. Die Antwort auf die Frage, ob der heutige Islam im Sinne der Moderne freiheitsfähig ist, hängt auch davon ab, wie sich Muslime zum traditionellen Konzept der Einheit von Religion und Gemeinwesen und zum Gedanken der Herrschaft des Islam (mit entsprechend minderen Rechten der Angehörigen aller anderen Religionen) verhalten. Die Vielzahl unterschiedlicher Herrschaftsformen, die die islamische Welt über die Jahrhunderte hinweg hervorgebracht hat, die auch in der Geschichte des Islam hervorgetretenen herrschaftskritischen Tendenzen und die bis ins 19. Jahrhundert zurückreichenden Bemühungen mancher Gelehrter um eine muslimische Aufklärung geben Anlass zu der Hoffnung, dass in diesen Fragen Bewegung möglich ist, auch wenn heute manches in eine andere Richtung zu deuten scheint.

*VIII.*

In einem kurzen Beitrag wie diesem muss vieles ungesagt bleiben. So konnten auch die vielen guten Beispiele eines gelingenden alltäglichen Zusammenlebens und auch gemeinsamen Handelns von Christen, Muslimen und Juden hier nicht angemessen gewürdigt werden. Wir alle brauchen jedoch diese Hoffnungszeichen für eine bessere Zukunft. Auch für theologische und offizielle Begegnungen der religiösen Repräsentanten sind sie eine wichtige, ja unverzichtbare Grundlage. Beispielhaft möchte ich deshalb auf ein Projekt hinweisen, das die Arbeitsgemeinschaft Christlicher Kirchen, der Zentralrat der Juden, der Zentralrat der Muslime und die Türkisch-Islamische Union der Anstalt für Religion (DITIB) gemeinsam in Deutschland durchführen. Es trägt den Titel „Weißt du, wer ich bin?“ und unterstützt auf der Basisebene die Begegnung von Gruppen und Menschen aus den verschiedenen Religionsgemeinschaften. Das Motto dieses Projekts darf auch als Zielperspektive für das Zusammenleben und den Dialog der Religionen hierzulande und weltweit verstanden werden: „Verbindendes entdecken, Unterschiede respektieren, füreinander einstehen, gemeinsam handeln“.

Nicht zufällig spielt auch im Zweiten Vatikanischen Konzil die Abrahamgestalt eine wichtige Rolle, nicht nur in „Nostra aetate“ (Art. 3), sondern auch in anderen wichtigen Dokumenten, z. B. in den Dokumenten „Dei verbum“ (Art. 3), „Presbyterorum ordinis“ (Art. 22) und in der Kirchenkonstitution „Lumen gentium“. Dort heißt es in Art. 16: „Der Heilswille [Gottes] umfasst aber auch die, welche den Schöpfer anerkennen, unter ihnen besonders die Muslim, die sich zum Glauben Abrahams bekennen und mit uns den einen Gott anbeten, den barmherzigen, der die Menschen am Jüngsten Tag richten wird.“ Schließlich darf auch noch Papst Johannes Paul II. angeführt werden, der in seinem „Römischen Triptychon“, veröffentlicht mit einer Einführung von Joseph Kardinal Ratzinger, den dritten Teil überschreibt: „Der Berg im Lande Morija“. Dort heißt es:

> „Wenn wir heute zu jenen Orten pilgern,
> von denen Abraham einst auszog,
> wo er die Stimme vernahm,
> wo sich die Verheißung erfüllte,
> so deshalb,
> um an der Schwelle zu stehen –
> und zum Ursprung des Bundes
> zu gelangen.“[12]

---

[12] Freiburg i. Br. 2003, S. 47 (italienische Ausgabe: Vatikan 2003, S. 41).

*Exkurs*[13]

*Zum Zitat des Kaisers Manuel II. Palaiologos im Disput mit dem persischen Gelehrten Mudarris in der Regensburger Vorlesung von Papst Benedikt XVI. am 12. 9. 2006*

Das Thema von Papst Benedikt XVI. war nicht dem Islam gewidmet, sondern einem Problem, das den Theologen Joseph Ratzinger seit dem Beginn seiner akademischen Lehrtätigkeit an den Universitäten im Jahr 1959 beschäftigte, nämlich das Verhältnis von Glaube und Vernunft.[14] Aber nun ergab sich ein Zusammenhang mit der Klärung des Verhältnisses zwischen dem Christentum und den nichtchristlichen Religionen. Die Anführung eines Satzes aus einem Dialog zwischen dem byzantinischen Kaiser Manuel II. Palaiologos (1391–1425) und dem persischen, also muslimischen Gelehrten Mudarris war zur Durchführung des genannten Themas gewiss nicht zwingend notwendig, aber

---

13 Dieser Exkurs wurde aus aktuellem Anlass nach dem Ende des Pastoralbesuches von Papst Benedikt XVI. (9.–14. September 2006) geplant und ausgearbeitet. Vgl. zu den Umständen die Vorbemerkung zum ganzen Vortragstext in Anm. 1. Ich habe den aktuellen Charakter dieses Exkurses mit seinen Grenzen bewusst belassen. Der Text wurde durchgesehen und leicht erweitert, besonders am Ende im Blick auf die Entwicklung nach dem 19. September 2006, dem Tag des Berliner Vortrags.

14 Vgl. J. Kardinal Ratzinger, Vom Wiederauffinden der Mitte, Freiburg i. Br. 1997, S. 40–59.

einige Formulierungen aus diesem Dialog des 14. Jahrhunderts (wohl 1391, ausformuliert zwischen 1394 und 1402) haben den Papst im Zusammenhang seiner Aufgabe, wie er sagte, so „fasziniert", dass er sie zum „Ausgangspunkt" für seine Überlegungen machte.[15] Ausdrücklich sagt er auch, dass die erwähnte Aussage „im Aufbau des Dialogs eher marginal" sei.

Der Text stammt aus einem theologischen Streit, vor allem der Byzantiner mit dem Islam, den wir heute kaum mehr kennen.[16] Der gesamte Dialog erstreckt sich in 26 Gesprächsrunden über den ganzen Bereich des von Bibel und Koran umschriebenen Glaubensgefüges

---

[15] Vgl. die Edition Manuel II Paleologue, Entretiens avec un Musulman. 7e Controverse, Introduction, Texte Critique, Traduction et Notes par Théodore Khoury (= Sources Chrétiennes 115), Paris 1966; fast zu gleicher Zeit erschien die kritische Edition mit ausführlicher Einleitung: Manuel II Palaiologos. Dialoge mit einem Perser, hrsg. von E. Trapp (= Wiener byzantinistische Studien Bd. 2), Wien 1966. Zum Dialog VII vgl. die Einleitung S. 72*–75*, den Text in einer kritischen Edition: S. 78–94; vgl. auch: Dialoge mit einem Muslim/Manuel II. Palaiologos. Kommentierte griechisch-deutsche Textausgabe von Karl Förstel (= Corpus Islamo-Christianum: Series Graeca 4, 2 Bände), Würzburg 1993 und 1995, vgl. die Einleitung von XII–XXXII und XXXIII (hier Abweichungen von der Trapp'schen Ausgabe); der griechisch-deutsche Text von Dialog VII findet sich S. 238–291. Ich verdanke die rasche Kenntnis mancher Texte dem Mainzer Byzantinisten Prof. Dr. Günter Prinzing.

[16] Dazu grundsätzlich A. Th. Khoury, Der theologische Streit der Byzantiner mit dem Islam, Paderborn 1969 (erschien gleichzeitig in französischer Sprache).

und bezieht sich vor allem auf das Gottes- und Menschenbild des Islam und des Christentums, besonders aber auch auf das Verhältnis „Altes Testament / Neues Testament / Koran". Die großangelegte Apologie ist in der ersten Hälfte gegenüber dem Islam eher kritisch-offensiv, in der zweiten Hälfte geht es mehr um eine positive Begründung des christlichen Glaubens. Aufschlussreich ist auch die literarische Form eines gewiss kämpferischen Dialogs, die aber zeigt, dass man auch von muslimischer Seite durchaus der wechselseitigen Argumentation mächtig war. In der schon genannten Edition von A. Th. Khoury geht es nur um die siebte Gesprächsrunde bzw. Kontroverse. Was uns heute überraschend vorkommen mag, ist die Tatsache, dass der byzantinische Kaiser Manuel II. zu den gebildetsten Herrschern und den interessantesten Theologengestalten aus Byzanz gehört. Er gilt aber auch als „einer der ritterlichsten Erscheinungen auf dem byzantinischen Kaiserthron".[17] Dem Kaiser ging es um die innere Überlegenheit des Christentums. Der Dialog hat eine große Bedeutung in der Geschichte der griechischen Texte bezüglich des Islam. Er gehört zu den umfangreichsten Schriften dieser Art überhaupt.

---

[17] H.-G. Beck, Kirche und theologische Literatur im byzantinischen Reich (= Byzantinisches Handbuch II/1), München 1959, 2. Aufl. 1977, S. 747, vgl. auch S. 36 f.; 338; 740 ff.

Nun muss man auch den „Sitz im Leben" dieses Dialogs verstehen. Kaiser Manuel II. stand damals unter allergrößtem Druck. Er verspürte die ganze Wut und Wucht des Sultans und seiner Macht und musste schwere Verluste hinnehmen. Die Schärfe der Äußerung ist also zweifellos auch durch die damalige militärische Lage von Byzanz bedingt, das im Endkampf gegen die muslimischen Türken stand und ja auch nur wenige Jahrzehnte später unterging (1453). Mehrfach suchte der Kaiser westliche Hilfe – umsonst. Der Papst weist nur ganz knapp auf diesen wichtigen „Sitz im Leben" hin, indem er im Blick auf die Ausführungen des Kaisers von einer „erstaunlich schroffen Form" spricht.[18] Dabei geht es im Dialog zunächst vor allem um die moralische Ordnung und den Lebensstil. Der Islam sieht dieses „Gesetz" in dreifacher Stufung: Gleichsam unten ist das Gesetz des Mose mit vielen Unvollkommenheiten, dann das Gesetz Jesu Christi und endlich

[18] Ich zitiere die Vorlesung des Papstes nach dem Abdruck in der FAZ: Glaube, Vernunft und Universität, in: Frankfurter Allgemeine Zeitung, 13. 9. 2006, Nr. 213, S. 8 („Die Gegenwart"). Der Text ist auch – zusammen mit den übrigen Ansprachen während des Besuches von Papst Benedikt XVI. – mit dem Titel „Apostolische Reise Seiner Heiligkeit Papst Benedikt XVI. nach München, Altötting und Regensburg 9.–14. September 2006. Predigten, Ansprachen und Grußworte" als Nr. 174 in der Reihe „Verlautbarungen des Apostolischen Stuhls", hrsg. vom Sekretariat der Deutschen Bischofskonferenz, publiziert worden: Bonn 2006, S. 72–84.

als Höhepunkt das Gesetz Mohammeds. Zwar habe das Christentum manches gemeinsam mit dem Islam, wie z. B. das Gebet, das Fasten und manche anderen religiösen Vollzüge, aber die Lebensordnung des Propheten sei prinzipiell überlegen, nicht zuletzt weil sie die menschliche Schwäche ernster nehme und damit auch praktischer sei. Das Christentum vertrete unrealistische Exzesse: wie z. B. die Familie zu hassen, die Feindesliebe, Armut in Verbindung mit Seligkeit, aber auch Jungfräulichkeit und Ehelosigkeit. Im Übrigen tadelt der Muslim die Juden, weil sie Jesus zurückgewiesen hätten (vgl. 7,3.5.61). Aber auf keinen Fall dürfe man Jesus einen „Sohn Gottes" nennen.

Das Niveau ist also keineswegs primitiv, wie die Kontroverse um die Papst-Vorlesung manchmal nahezulegen scheint. Der persische Gelehrte ist durchaus zur Diskussion fähig. Dem Kaiser bescheinigt die Forschung Lauterkeit, Kenntnis in theologischen Fragen und ein abgeklärtes Urteil.[19] Ja, es ist trotz der Verbindung mit heftigeren Vorgängern von „neuen Tönen"[20] beim Kaiser die Rede. „Er geht auf seinen Gegner ein und hört ihm zu; er lässt ihn wirklich zu Wort kom-

---

[19] H. G. Beck, Kirche und theologische Literatur im byzantinischen Reich, S. 187.

[20] H.-G. Beck, Das byzantinische Jahrtausend, München 1978, 2. erg. Aufl. 1954, S. 205.

men und seine Position in extenso darlegen, und Manuel macht den Versuch, ihm gerecht zu werden, er lässt sich Zeit für die Antwort und die Antwort hält Sache und Person auseinander."[21] H.-G. Beck spricht bei Manuel II. von einem „ungeheuren Fortschritt gegenüber früheren Jahrhunderten".[22] So kommt ein anderes Standardwerk zu Byzanz zu dem Urteil, Manuels Auseinandersetzung „stellte die gründlichste Widerlegung der Lehre des Islams, die in byzantinischer Zeit geschrieben wurde, zusammen".[23] Auch wenn uns die noch genauer zu nennenden Aussagen etwas schockieren, so dürfen wir das intellektuelle Niveau dieser Auseinandersetzung keineswegs unterschätzen.

Worum geht es? Der Kaiser kommt auf das Thema des Heiligen Krieges zu sprechen, bis heute eines der großen heißen Eisen im Verständnis des Islam.[24] Er kennt natürlich die Sure 2,256: „Kein Zwang in Glau-

---

[21] Ebd.

[22] Ebd., S. 209.

[23] A. A. Vasiliev, in: N. H. Baynes und H. St. L. B. Moss, Byzanz. Geschichte und Kultur des Oströmischen Reiches, München 1964 (Oxford 1948), S. 393.

[24] Dazu A. Th. Khoury, Heiliger Krieg, in: A. Th. Khoury / L. Hagemann / P. Heine (Hrsg.), Islam-Lexikon, Bd. 2, Freiburg i. Br. 1991, S. 349–359; B. Tibi, Kreuzzug und Djihad. Der Islam und die christliche Welt, Gütersloh 1999; P. L. Bergen, Heiliger Krieg Inc., Aktualisierte Neuausgabe, Berlin 2003; B. Lewis, Die politische Sprache des Islam, Berlin 1991; H. Zirker, Islam, Düsseldorf 1993, S. 221–240; 291 f.

benssachen", aber er kennt auch die später entstandenen Bestimmungen über den Heiligen Krieg (vgl. Sure 9,29.36.73.111). In diesem Zusammenhang geht er angesichts des überlegenen Pathos seines Gesprächspartners sehr direkt auf die zentrale Frage nach dem Verhältnis von Religion und Gewalt zu und sagt: „Zeig mir doch, was Mohammed Neues gebracht hat, und da wirst du nur Schlechtes und Inhumanes finden wie dies, dass er vorgeschrieben hat, den Glauben, den er predigte, durch das Schwert zu verbreiten" (7,2c, Edition Khoury S. 142/143).[25] Der Kaiser begründet dann eingehend, dass eine Verbreitung des Glaubens durch Gewalt im Widerspruch zum Wesen Gottes und zum Wesen der Seele steht. „Gott hat kein Gefallen am Blut, und nicht vernunftgemäß („syn logo") zu handeln ist dem Wesen Gottes zuwider. Der Glaube ist Frucht der Seele, nicht des Körpers. Wer also jemanden zum Glauben führen will, braucht die Fähigkeit zur guten Rede und

---

[25] Zur Auslegung dieses Satzes vgl. besonders den Kommentar von R. Paret, Der Koran. Kommentar und Konkordanz, 2. Aufl. Stuttgart 1977, S. 54 f.: „Der Passus soll demnach nicht besagen, dass man niemand zum Glauben zwingen darf (wie nach der üblichen Deutung), sondern dass man niemand dazu zwingen kann; m. a. W. er predigt nicht Toleranz, sondern weist darauf hin, dass der Bekehrungseifer des Propheten infolge der menschlichen Verstocktheit weitgehend zur Erfolglosigkeit verurteilt ist." Vgl. auch ders., Mohammed und der Koran. Geschichte und Verkündigung des arabischen Propheten, 7. Aufl. Stuttgart 1991, S. 108 ff.

ein rechtes Denken, nicht aber Gewalt und Drohung" (7,3b+c, Khoury S. 144/145).

An dieser Stelle muss man die konkrete Situation im Dialog beachten und darf den in Frage stehenden Satz nicht aus dem Kontext reißen. Man muss sehen, dass Kaiser Manuel II. vom Überlegenheitsbewusstsein der Muslime ausgeht, das wir bisher vielleicht zu wenig beachtet haben. Es besteht darin, „dass sie [die Religion des Islam] in ihren Anhängern ein Gefühl absoluter religiöser Überlegenheit schaffe. Aus diesem Überlegenheitsgefühl und dem phantastischen Selbstbewusstsein des Islam ist jene hartnäckige Weigerung geboren, sich einer anderen geistigen Welt zu öffnen."[26] Mudarris begründet sie ja auch konkret mit dem Hinweis auf die drei bereits erwähnten „Gesetze". An dieser Stelle des Dialogs geht nun Manuel sehr genau und sehr konkret auf dieses Überlegenheitsbewusstsein ein und fragt seinen Partner – gleichsam „ad hominem" – nach dem Neuen und dem Anstößigen, der Gewalt in Glaubensfragen. Damit trifft der Kaiser, auch wenn die Herausforderung schroff ist, das zentrale Problem Religion – Gewalt.

Ich verfolge jetzt nicht weiter, wie es dem Papst in seiner Vorlesung ganz auf die vernunftgemäße Struk-

---

[26] S. Raeder (Hrsg.), Antworten auf den Islam, Neukirchen 2006, S. 158 (Zitat von H. Kraemer).

tur des Glaubens – dies ist ja sein Thema – in strikter Übereinstimmung mit dem Wesen Gottes ankommt. Für ihn ist wichtig, dass der Christ bei aller Unverwechselbarkeit des Glaubens vernunftgemäß handelt in Entsprechung zum Wesen Gottes. Hier tut sich für den Papst im Blick auf jemand, der so etwas wie eine völlige Willkür Gottes vertritt, „ein Scheideweg im Verständnis Gottes und so in der konkreten Formverwirklichung von Religion auf, der uns heute ganz unmittelbar herausfordert". Es geht um den sogenannten Voluntarismus im Gottesbild.

Nach meinem Empfinden besteht die einzige Schwierigkeit darin, dass Papst Benedikt XVI. die Voraussetzungen und den Hintergrund dieser Aussagen nur kurz streift. Dadurch konnten Missverständnisse entstehen. Aber bei manchen Reaktionen muss man nicht nur mangelnde Information voraussetzen, sondern auch eine absichtliche Fehldeutung unterstellen. Natürlich hat der Islam in der Theologie des Koran auch eine eigene Rationalität, so dass hier einige Differenzierungen notwendig sind. Es gibt gerade in der Bestimmung des Verhältnisses von Vernunft und Offenbarung verschiedene Rationalitätstypen.

Hier handelt es sich nicht um ein simples Missverständnis. Auch der Papst hat im Lauf des letzten Jahres, als die katholische Kirche des Entstehens der Erklärung über das Verhältnis der Kirche zu den nichtchristlichen

Religionen „Nostra aetate“ vor 40 Jahren gedachte,[27] immer wieder die Kernaussagen in Artikel 3 zum Verhältnis gegenüber dem Islam angeführt:

> „Mit Hochachtung betrachtet die Kirche auch die Muslim, die den alleinigen Gott anbeten, den lebendigen und in sich seienden, barmherzigen und allmächtigen, den Schöpfer Himmels und der Erde, der zu den Menschen gesprochen hat. Sie mühen sich, auch seinen verborgenen Ratschlüssen sich mit ganzer Seele zu unterwerfen, so wie Abraham sich Gott unterworfen hat, auf den der islamische Glaube sich gerne beruft ... Da es jedoch im Lauf der Jahrhunderte zu manchen Zwistigkeiten und Feindschaften zwischen Christen und Muslim kam, ermahnt die Heilige Synode alle, das Vergangene beiseite zu lassen, sich aufrichtig um gegenseitiges Verstehen zu bemühen und gemeinsam einzutreten für Schutz und Förderung der sozialen Gerechtigkeit, der sittlichen Güter und nicht zuletzt des Friedens und der Freiheit für alle Menschen.“

---

[27] Vgl. nur H. H. Henrix (Hrsg.), Nostra aetate – Ein zukunftsweisender Konzilstext, Aachen 2006, S. 11 ff.; 59 ff.; 83 ff. (Chr. Troll).

Man braucht aber auch nur die Ansprache des Papstes bei der Begegnung mit Vertretern einiger muslimischer Gemeinschaften im Erzbischöflichen Haus in Köln am 20. August 2005 (Weltjugendtag) nachzulesen, um zu sehen, wie viele Stellungnahmen zu seiner angeblichen Mentalität nicht nur schlechthin haltlos sind, sondern das Denken des Papstes total in das Gegenteil verkehren.[28]

In der Tat besteht kein Zweifel, dass die Frage nach der Gewalt, vor allem bezüglich des Menschen- und Gottesbildes, im Dialog der Religionen eine große Rolle spielt, nicht zuletzt im Blick auf das Gespräch mit dem Islam.[29]

---

[28] Verlautbarungen des Apostolischen Stuhls 169: Predigten, Ansprachen und Grußworte im Rahmen der Apostolischen Reise von Papst Benedikt XVI. nach Köln anlässlich des XX. Weltjugendtages, Bonn 2005, S. 73–78. Man muss aber auch auf das gesamte theologische Werk des Papstes verweisen. Ich nenne hier zunächst den programmatischen Artikel des Theologen Joseph Ratzinger aus dem Jahr 1964 „Der christliche Glaube und die Weltreligionen“, in: Vom Wiederauffinden der Mitte, S. 60–82 (ursprünglich in der Festschrift für Karl Rahner „Gott in Welt“). Dies gilt aber ohne Abstriche auch für die spätere Zeit, vgl. dazu J. Kardinal Ratzinger, Die Vielfalt der Religionen und der Eine Bund (= Urfelder Reihe 1), Bad Tölz 4. Aufl. 2005.

[29] Dazu Chr. Bultmann / B. Kranemann / J. Rüpke (Hrsg.), Religion / Gewalt / Gewaltlosigkeit. Probleme – Positionen – Perspektiven, Münster 2004; G. Baudler, Gewalt in den Weltreligionen, Darmstadt 2005; B. Lermen / G. Rüther (Hrsg.), In Gottes Namen? Zur kulturellen und politischen Debatte um Religion und Gewalt, Sankt Augustin 2004 (Konrad-Adenauer-Stiftung e.V.); B. Lewis, Der Atem Allahs. Die isla-

Hier sollte zunächst nur das „Papst-Zitat“ vom 12. September 2006 interpretiert werden. Der Papst hat selbst – Erklärungen der Mitarbeiter gingen voraus – mehrfach Missverständnisse korrigiert und bedauert.[30] Diesen Worten ist nichts hinzuzufügen. Bereits im Text der Vorlesung vom 12. September 2006 wurde am Ende angekündigt, dass der Papst sich vorbehält, „diesen Text später mit Anmerkungen versehen zu veröffentlichen. Die vorliegende Fassung ist also als vorläufig zu betrachten.“[31] Er hat vermutlich wegen der intensiven Diskussion dieses Vorhaben rasch in die Tat umgesetzt und am 11. Oktober diese überarbeitete Fassung vorgelegt.

---

mische Welt und der Westen – Kampf der Kulturen?, München 1998, 3. Aufl. 2001 (Oxford 1994); ders., Der Untergang des Morgenlandes. Warum die islamische Welt ihre Vormacht verlor?, Bergisch Gladbach 2002; ders., Die Wut der arabischen Welt. Warum der jahrhundertelange Konflikt zwischen dem Islam und dem Westen weiter eskaliert?, Frankfurt a. M. 2003, 2. Aufl. 2004 (amerikanische Originalausgabe 2003); A. Al-Azmeh, Die Islamisierung des Islam. Imaginäre Welten einer politischen Theologie (= Edition Pandora 32), Frankfurt a. M. 1996 (London 1993); A. Th. Khoury, Mit Muslimen in Frieden leben. Friedenspotentiale des Islam, Würzburg 2002; U. Spuler-Stegemann, Feindbild Christentum im Islam. Eine Bestandsaufnahme, Freiburg i. Br. 2004. Zum Ganzen vgl. auch immer noch R. Leuze, Christentum und Islam, Tübingen 1994.

30 Vgl. Verlautbarungen des Apostolischen Stuhls Nr. 174, a. a. O., S. 118–124.

31 Ebd., S. 84.

Der Papst klärt dabei seine Ausführungen in zwei Anmerkungen:

1. „Dieses Zitat [gemeint ist das erste Manuel-Zitat] ist in der muslimischen Welt leider als Ausdruck meiner eigenen Position aufgefasst worden und hat so begreiflicherweise Empörung hervorgerufen. Ich hoffe, dass der Leser meines Textes sofort erkennen kann, dass dieser Satz nicht meine eigene Haltung dem Koran gegenüber ausdrückt, dem gegenüber ich die Ehrfurcht empfinde, die dem heiligen Buch einer großen Religion gebührt. Bei der Zitation des Texts von Kaiser Manuel II. ging es mir einzig darum, auf den wesentlichen Zusammenhang zwischen Glauben und Vernunft hinzuführen. In diesem Punkt stimme ich Manuel zu, ohne mir deshalb seine Polemik zuzueignen."[32]
2. Im Blick auf das zweite Manuel-Zitat (zum Zusammenhang zwischen Glauben und Vernunft): „Einzig um dieses Gedankens willen habe ich den zwischen Manuel und seinem persischen Gesprächspartner geführten Dialog zitiert. Er gibt das Thema der folgenden Überlegungen vor."[33]

---

[32] Vgl. Vorlesung des Papstes, Anm. 3 (in diesem Band S. 16).

[33] A. a. O., Anm. 5 (in diesem Band S. 17).

Es lohnt sich, auch sonst den durchgesehenen Text vom 11. Oktober mit der Fassung vom 12. September zu vergleichen. So heißt es z. B. zuerst im Blick auf Manuels Anfrage zum Heiligen Krieg, sie erfolge „in erstaunlich schroffer, uns überraschend schroffer Form", während es in der späteren Version heißt: „in erstaunlich schroffer, *für uns unannehmbar* schroffer Form".

Eine neue Situation entstand, als am 14. Oktober 2006, veröffentlicht im „Islamica Magazine" (Los Angeles), ein „Offener Brief" von 38 Islam-Gelehrten bekannt wurde (datiert vom 12. Oktober, also genau einen Monat nach der Regensburger Vorlesung). Er schlägt ganz andere Töne an und ist ein hoffnungsvolles Zeichen für den künftigen Dialog. Dieser Text[34] bedarf der sorgfältigen Analyse, was freilich hier nicht mehr geschehen kann. Gewiss bleibt auch danach die Frage nach dem Verhältnis von Religion und Gewalt zentral.

---

[34] http://www.islamicamagazine.com/online-analysis/open-letter-to-his-holiness-pope-benedict-xvi.html.

# AUTOREN

## BENEDIKT XVI.

Geboren als Joseph Ratzinger 1927 in Marktl am Inn, Dr. theol., Dr. h. c. mult., Professor für Theologie an den Universitäten Bonn, Münster, Tübingen und Regensburg; Berater von Kardinal Frings auf dem Zweiten Vatikanischen Konzil; 1977–1982 Erzbischof von München und Freising, 1977–2005 Kardinal; 1981–2005 Präfekt der Kongregation für die Glaubenslehre, Präsident der Päpstlichen Bibelkommission und der Internationalen Theologenkommission; zahlreiche Ämter, Mitgliedschaften und Ehrenmitgliedschaften in vatikanischen und internationalen Institutionen; 1986–1992 Präsident der Kommission zur Vorbereitung des Katechismus der katholischen Kirche („Weltkatechismus"); 2002–2005 Dekan des Kardinalskollegiums; am 19. April 2005 als Nachfolger von Johannes Paul II. zum Papst gewählt.

## ADEL THEODOR KHOURY

Geboren 1930 im Libanon, Studium der Philosophie und der Theologie im Libanon, Lizenziat der Philosophie (1959) und Lizenziat der Orientalistik (1960) an der Beiruter Außenstelle der französischen Universität Lyon, Docteur ès Lettres (Habilitation) in Lyon (1966), Privatdozent für Religionswissenschaft an der Katholisch-Theologischen Fakultät der Universität Münster (1966). Ab 1970 Professor für Religionswissenschaft und Leiter des Seminars für Allgemeine Religionswissenschaften der Katholisch-Theologischen Fakultät der Universität Münster, seit Oktober 1993 im Ruhestand. Mitglied der Europäischen Akademie der Wissenschaften und der Künste; Mitglied des Religionstheologischen Instituts St. Gabriel, Mödling bei Wien; Vorstand der Forschungsstelle für den christlich-islamischen Dialog im Libanon. Schwerpunkte der wissenschaftlichen und praktischen Tätigkeit: Religionsphänomenologie (Analyse des religiösen Phänomens allgemein), Religionsgeschichte (Hinduismus, Buddhismus, Islam), Islamwissenschaft, Beziehungen zwischen Christentum und Islam in Vergangenheit und Gegenwart sowie der christlich-islamische Dialog auf nationaler und internationaler Ebene.

## KARL KARDINAL LEHMANN

Geboren 1936 in Sigmaringen, Dr. phil., Dr. theol., Dr. h. c. mult., 1968–1983 Professor für Dogmatische Theologie in Mainz und Freiburg; 1969–1983 Mitglied im Zentralkomitee der deutschen Katholiken; seit 1969 im Ökumenischen Arbeitskreis evangelischer und katholischer Theologen, seit 1989 katholischerseits als Vorsitzender; seit 1983 Bischof von Mainz, seit 1987 Vorsitzender der Deutschen Bischofskonferenz; Honorarprofessor für Dogmatik und Ökumenische Theologie an der Albert-Ludwigs-Universität Freiburg i. Br. und an der Johannes-Gutenberg-Universität Mainz. 2001 von Papst Johannes Paul II. zum Kardinal erhoben. Mitglied zahlreicher ökumenischer und römischer Gremien. Zahlreiche Veröffentlichungen und Herausgeberschaften; eine ausführliche Bibliographie findet sich im Internet unter *www.uni-freiburg.de/theologie/forsch/lehmann/lehmann1.htm,* aktuelle Texte unter *www.bistum-mainz.de/kardinal.*

## GESINE SCHWAN

Geboren 1943 in Berlin; Dr. phil., Dr. h. c.; seit 1977 Professorin für Politikwissenschaft, insbesondere für Politische Theorie und Philosophie an der Freien Universität Berlin; 1977–1984 Mitglied der Grundwertekommission beim Parteivorstand der SPD, seit Frühjahr 1996 erneut Mitglied der Grundwertekommission; Lehrtätigkeiten in den USA und Großbritannien; 1985–1987 Vorsitzende der Deutschen Gesellschaft für Politikwissenschaft; 1993–1995 Dekanin des Fachbereichs Politische Wissenschaft der Freien Universität Berlin; seit 1999 Präsidentin der Europa-Universität Viadrina in Frankfurt (Oder); 2004 Kandidatin von SPD und Bündnis 90 / Die Grünen für das Amt der Bundespräsidentin; seit 2005 Koordinatorin der Bundesregierung für die Zusammenarbeit mit Polen. Wissenschaftliche Veröffentlichungen zu normativen Fragen der Demokratie und des Sozialismus, zur politischen Ideengeschichte, zur politischen Psychologie; publizistische Veröffentlichungen zur Berlin-, Deutschland-, Entspannungs- und Europapolitik.

## ALF C. ZIMMER

Geboren 1943; verheiratet, Vater zweier Söhne; Dr. phil., Dr. h. c., 1976–1980 Professor für Allgemeine Psychologie und Methodenlehre an der Universität Oldenburg; 1980–1983 Gastwissenschaftler an der University of California in Berkeley und an der Stanford University; 1980–1984 Professor für Angewandte Psychologie an der Universität Münster (1982–1983 Dekan); seit 1984 Professor für Experimentelle und Angewandte Psychologie an der Universität Regensburg; 1988–1990 Dekan der Philosophischen Fakultät II; 1992–1994 Prorektor, seit 2001 Rektor der Universität Regensburg; seit 2005 Stellvertretender Vorsitzender der Universität Bayern e.V.; seit 2006 Vorsitzender des Beirats der Zentralstelle für die Vergabe von Studienplätzen. Zu den Forschungsschwerpunkten zählen u. a. Erwerb und Nutzung von Wissen und Informationsverarbeitung in Mensch-Technik-Systemen.

www.herder.de


Umschlaggestaltung: Finken & Bumiller
Umschlagfoto (Detail): © KNA-Bild
Satz: Weiß – Graphik und Buchgestaltung
Druck: fgb · freiburger graphische betriebe
www.fgb.de

Gedruckt auf umweltfreundlichem, chlorfrei gebleichtem Papier
Printed in Germany

ISBN-13: 978-3-451-29597-3
ISBN-10: 3-451-29597-0